La place des hommes

SOCIOLOGIE D'AUJOURD'HUI
COLLECTION DIRIGÉE PAR GEORGES BALANDIER

La place des hommes

et les métamorphoses de la famille

Christine Castelain Meunier

PRESSES UNIVERSITAIRES DE FRANCE

Du même auteur

Livres et ouvrages

Pères, mères, enfants, Paris, Flammarion, « Dominos », n° 189, 1998, 128 p. ; traduction en coréen, Séoul, Young Lim Cardinal (éd.), 2002.

La paternité, Paris, PUF, « Que sais-je ? », n° 3229, 1997, 128 p.

Cramponnez-vous les pères ! Les hommes face à leurs femmes et à leurs enfants, Paris, Albin Michel, 1992, 217 p. ; traduction portugaise, *Os homes diente da mulher e dos filhos,* Rio de Janeiro, Summus Editorial, 1994, 124 p.

Deux ou trois enfants. Pratiques des classes moyennes en Île-de-France, avec J. Fagnani, Paris, coll. « Espaces et familles », n° 18, 1991, éditée par la CNAF, 105 p.

Retraite et mutation sociale, avec A.-M. Guillemard, R. Vercautren, Paris, FEN, « Recherche », 1991, 186 p.

L'amour en moins. L'apprentissage sentimental, Paris, Olivier Orban, 1991, 222 p.

Les hommes aujourd'hui, virilité et identité, Paris, Belfond, « Acropole », 1988, 273 p. ; traduction allemande, *Manner haben uberlebt... Die neue Offenheit,* Zurich, Schweizer Verlagshauss, 1990, 250 p.

Insécurité urbaine : une arme pour le pouvoir ?, avec H. Coing, Paris, Anthropos, 1980, 240 p.

Participations à des ouvrages collectifs

« La coparentalité en question », *in* M. Wieviorka (éd.), *La différence culturelle : pour une nouvelle formulation des débats,* Paris, Balland, 2001, p. 229-235.

« La complexité contemporaine de la répartition et de la prise des places parentales » ; « Paternité, virilité et identité », *in* C. Zaouche-Gaudron (éd.), *La problématique paternelle,* Ramonville-Saint-Agne, Érès, 2001, p. 129-147 et 175-182.

« Les hommes, le temps professionnel, familial et ménager », *in* C. Fonteyne, F. Goffinet, *Families and Work,* Bruxelles, CERINM, 1996, p. 205-218.

« La conscience paternelle », *in* P. Leroy, *Le père dans la périnatalité,* Ramonville-Saint-Agne, Érès, 1996, p. 73-79.

« Du mouvement des femmes à la paternité contemporaine », *in* F. Dubet et M. Wieviorka, *Penser le sujet autour d'Alain Touraine,* Paris, Fayard, 1995, p. 197-206.

« Cultural changing in aging », in Heikkinen *et al., Gender and Aging,* New York, Plenum Press, 1995, p. 181-185.

« Horizons femmes 2000 », Paris, ACGF, 1990, p. 101-140.

« Autoconstruction », « Insécurité », « Luttes urbaines », « Squatter », contributions au *Dictionnaire de l'urbanisme,* Paris, PUF, 1988.

ISBN 2 13 050991 6

Dépôt légal — 1re édition : 2002, mars
2e tirage : 2004, mars

À mes parents

À Francis, Nicolas et Lise

Remerciements

Que tous ceux et toutes celles qui ont si patiemment répondu à mes questions lors des enquêtes de terrain en soient ici chaleureusement remerciés.

Mes remerciements s'adressent aussi à tous ceux et à toutes celles qui accompagnent mon travail depuis longtemps, à commencer par Alain Touraine, qui a su me faire confiance, ainsi qu'à Michel Wieviorka, François Dubet, Mathilde Nobécourt, mais aussi à Jeanne Fagnani, qui m'a toujours encouragée, Sabine Chalvon Demersay, Dominique Pasquier, Dominique Mehl, sans oublier Yvon Le Bott, Anne-Marie Guillemard, Martine Ségalen et Jacques Commaille.

J'adresse aussi tous mes remerciements à Yvonne Pozzo, qui m'a rejointe depuis quelque temps et a complété ma documentation bibliographique, et qui a participé, avec Cécile Pannetier, à mon groupe de recherche sur la presse masculine.

Merci à Jean-Pierre Chartier, à François Bidoire, ainsi qu'à Stéphane Ditchev, Christian Noguerou, Michel Tizon, Bernard Martino, Pierre Le Roy et Chantal Zaouche Gaudron.

Mes remerciements vont tout particulièrement à Jacqueline Blayac, Christine Blanchard, Jacqueline Longérinas, Lidia Meschi et Jocelyne Ohana. Mais aussi à l'ensemble des membres du CADIS qui ont eu la patience de m'écouter lors de mes interventions au séminaire du laboratoire et qui ont contribué, par leurs remarques et leurs réactions, à me faire progresser dans la réflexion, ainsi qu'à mes collègues de l'EPP.

Je remercie également l'ensemble des personnes qui, au cours de toutes ces années, m'ont sollicitée pour intervenir dans différentes institutions et lieux publics.

Sommaire

Introduction

Depuis une quinzaine d'années, je travaille sur la question du féminin, du masculin, de la maternité, de la paternité, de la répartition des places parentales, de la place de l'enfant. Je suis donc, de ce fait, intervenue de nombreuses fois à la suite de mes enquêtes de terrain sur la problématique de la famille, dans des conférences publiques.

J'ai toujours attaché beaucoup d'importance aux réactions, aux questions, aux demandes qui en résultaient, et il m'arrivait fréquemment d'avoir, certes, des insomnies avant mes conférences, mais aussi de repenser après coup à une question, une remarque, ou encore de me remémorer un témoignage, des inflexions qui bousculaient mes points de vue ou, au contraire, les confortaient. C'est donc par un éloge du dérangement à l'issue de la communication interactive que je commencerai cet ouvrage qui se donne pour principe de prendre en compte et de respecter la richesse des réactions émises, par toutes ces personnes que le lecteur côtoiera souvent sans le savoir et sans que des noms puissent être donnés. C'est souvent de l'obscurité de la salle que proviennent les lumières de l'entendement.

Les questions auxquelles je tente de répondre, car on me les a souvent posées, sont sous-tendues par beaucoup d'autres. Elles sont loin d'être simples, on peut les formuler de la manière suivante.

Pourra-t-on partager un jour l'éducation des enfants entre les hommes et les femmes avec une plus grande égalité ? S'agit-il d'un challenge impossible, ou alors utopique, ou encore totalitaire ? Les différences, les inégalités, sont-elles indépassables ou tout bonnement passagères ? La différence biologique entraîne-t-elle un tel déterminisme qu'elle est irréfutable ou que vouloir faire comme s'il n'y en avait pas relève du non-sens ?

Allons-nous vers une négation des différences, et, si tel est le cas, l'effet inverse n'engendre-t-il pas le renforcement des différences par choix et non plus par imposition ?

Un constat s'impose : le désir d'égalité est gigantesque, en même temps que les résistances à l'égalité sont énormes. On peut se demander si ces dernières sont résiduelles et/ou motrices.

Le partage des rôles à tenir autour des enfants constitue une problématique d'autant plus importante qu'il s'agit d'être homme-femme, père-mère d'un enfant : fille-garçon. On sent à quel point le nombre de variations possibles est grand, et, en même temps, combien la recherche d'uniformité est tentante. Doit-on préserver la différence ? Doit-on abonder dans le sens de l'égalité ? Sur le long terme, doit-on donc faire disparaître aussi ce qui est à la base des différences, à commencer par les spécificités biologiques, particulièrement mises en avant au moment de l'attente de l'enfant issu d'un mode de reproduction biologique « naturel » ?

Un mouvement d'idées accompagne l'évolution des mœurs dans un contexte de transformation des technologies de la reproduction, de la naissance, et la question se pose de savoir si un enfant peut être élevé par des parents du même sexe. Un père peut-il ne pas être de sexe masculin ? Peut-on être considéré comme parent au même titre que les autres sans avoir été à l'origine biologique de l'enfant ?

L'autorité est-elle l'apanage d'un sexe, ou une monnaie d'échange compensatrice de la différence et de l'impossibilité de donner la vie ?

Comment dépasser la contradiction qui consiste à dire que, si l'homme est introduit auprès de l'enfant par l'intermédiaire de la femme, les relations de cet homme avec l'enfant seront placées sous le joug de cette femme ? Le rôle du père est-il voué à être toujours subjectivé par la mère ? En d'autres termes, la responsabilité de la mère est-elle inéluctable ? La domination masculine est-elle l'expression d'une compensation et d'un contrepoids dans le sens d'un contre-rapport de force ?

Ou encore, dans le cas où l'homme se situe auprès de l'enfant indépendamment de la femme, contribue-t-il à niveler les rôles si et seulement si le contexte est égalitaire pour la femme ?

Ces questions, qui ont surgi plus d'une fois, témoignent de l'ouverture mais aussi de l'inquiétude et de l'angoisse engendrées par la parentalité contemporaine. Elles concernent toutes un questionnement sur les liens qualitatifs avec l'enfant, l'adolescent, le jeune adulte.

Comment prendre sa place, faire la place à l'autre et respecter celle de l'enfant ? Que faire pour y parvenir ? Je me réfère à la notion de place parentale, car il s'agit des rôles et des modèles culturels qui les accompagnent mais aussi et surtout des individus et de la manière dont ils interviennent en occupant ou non leur place. Tout dépend du ressenti, du sens donné à la prise de place avec un sentiment plus ou moins grand de fierté ou de honte lié à son « sexe », en fonction de l'histoire personnelle.

Le va-et-vient entre les places et les rôles traduit les manières de s'affirmer d'un point de vue identitaire, mais aussi l'intimité profonde et les représentations qui les entourent.

Des complémentarités et/ou des contradictions existent entre les fonctions, les rôles, les identités, les représentations, les interactions, elles génèrent des inhibitions, des angoisses, de la souffrancc ou, au contraire, de la joie, de la liberté, des initiatives, des projets.

La complexité inhérente à la répartition des places parentales constitue en soi un mouvement culturel qui induit les transformations de la famille. Ce mouvement est fait de tensions entre innovation/tradition, d'une part, entre égalité/différence, d'autre part.

Ce mouvement culturel concerne les transformations symboliques, sociales, culturelles, idéologiques des fonctions parentales.

Lorsque la dynamique va dans le sens de la mutation, comme c'est le cas aujourd'hui, elle sollicite le redéploiement des responsabilités individuelles, mais aussi celles de l'État, des institutions, des associations, de la société civile tout entière. Cette mutation bouscule un atavisme et a tendance à susciter des réactions de défense qui favorisent la reproduction des inégalités entre les hommes et les femmes, contribuant à accentuer les écarts qui existent entre la déresponsabilisation des pères et la surresponsabilisation des mères.

Les mouvements culturels qui sont à l'origine de la mutation concernent la transformation des pratiques et des représentations accompagnant les modes d'affirmation. Ils proviennent du détachement du communautarisme, de la transformation des mœurs, conséquences de l'affirmation des femmes comme sujet social (ayant des droits civiques et sociaux ainsi que des activités salariales), des réajustements des hommes aux changements des femmes et de la sortie du patriarcat rural et industriel.

Ces mouvements s'inscrivent dans un contexte caractérisé par le découplage possible entre la sexualité/la procréation, mais aussi entre la filiation/l'alliance, et donc par la contestation possible à l'égard des assignations sociales culturelles sexuées des places et des rôles parentaux. Ensemble de thèmes sur lequel je reviendrai tout au long de cet ouvrage.

La période de transition dans laquelle nous sommes engagés traduit des ruptures, des glissements, des décalages, qui reflètent la sortie du modèle monoculturel de la famille. Nous tendons vers une polyculture de la parentalité, en nous éloignant du schéma selon lequel l'enfant doit être élevé par ses parents biologiques pour recevoir la seule bonne éducation possible. Ce recul par rapport à ces impératifs, au nom de nouvelles exigences, produit des remous considérables, y compris dans l'éducation, qui constitue pourtant l'une des préoccupations fondamentales des parents, d'autant que les institutions publiques ont tendance à renvoyer la faute sur eux, les accusant souvent d'irresponsabilité, et transformant certains parents et enfants en boucs émissaires alors que la complexité est patente.

L'émergence d'une polyculture de la parentalité s'impose d'autant plus – et cela constitue un aspect très important et un argument majeur de notre réflexion – que la reproduction de la société peut être entrevue, et va pouvoir se concevoir, en se passant de la référence à la différence sexuée entre les individus.

Ce qui ne veut pas dire que l'on ne se reproduira plus, à l'avenir, de manière naturelle. Cette forme de reproduction sera au contraire revalorisée, car elle pourra être choisie parmi d'autres alternatives possibles, et peut être revêtira-t-elle de moins grandes contraintes dans l'interaction entre les deux sexes, car la complexité d'un point de vue symbolique, affectif, émotionnel, socioculturel, identitaire pour chacun des deux acteurs pourra être alors mieux reconnue, comprise et prise en considération.

Je reviendrai sur cette transition vers la polyculture de la parentalité qui constitue le point d'orgue, à l'origine de nombreuses tensions, angoisses, replis, réactions d'hostilité, mais aussi impulsant de formidables bonds en avant.

La question de la filiation, plus communément formulée à propos de la place et du rôle des pères, de la fonction paternelle, de l'autorité, représente un point d'interrogation central et provoque de nombreux débats. Mais la problématique paternelle réhabilite aussi, comme on le verra, les affirmations les plus controversables. En effet, elle suscite en général des réactions extrêmes et passionnées dans les pays occidentaux, avec l'idée que la violence dans les banlieues est due à la perte de pouvoir des pères et à la transformation du rôle de la femme.

La diminution de la puissance paternelle qui caractérise un grand nombre de pays, qu'il s'agisse de l'Occident mais aussi, plus récemment, de certaines parties de l'Orient, est assimilée à la disparition de l'ordre institutionnel, et la nostalgie qui en résulte tend à montrer que le malaise des jeunes s'explique par cette corrélation : « absence » de père, mère qui travaille, montée de la violence. Pourtant, celle-ci n'a jamais été, bien évidemment, prouvée ou démontrée.

Il n'est pas rare aussi que l'on associe la perte du pouvoir des pères à la montée du féminisme, alors même que l'analyse des faits historiques montre et démontre que les transformations non seulement juridiques, mais aussi celles des domaines de la filiation, de la morale éducative, de la conception des relations, ont commencé bien avant. En effet, on ne saurait faire correspondre l'émergence du féminisme à la désacralisation du pouvoir des pères. Mais il ne saurait être question de nier l'importance et la portée de la redéfinition des fonctions paternelles et maternelles, d'autant qu'il s'agit d'interrogations d'ordre métaphysique, éthique, avec la maîtrise de la procréation et la procréation médicalement assistée, ainsi qu'avec la manière d'être, de passer contrat pour vivre ensemble, éventuellement de se retrouver seul, en duo monoparental ou, à nouveau, en union recomposée. On ne saurait ignorer l'existence d'un malaise, en même temps qu'on ne peut faire abstraction d'un contexte en changement, dans lequel les anciennes représentations et les anciens modèles interfèrent avec les nouveaux et bousculent les équilibres antérieurs.

Les propos des pères et des mères sont parlants dans ce sens ; ils reflètent les tensions qui les animent au regard des cultures masculine et féminine, traditionnelles, industrielles et contemporaines. Les codes, les normes sont souvent en opposition, ainsi que les guides du savoir-faire, en même temps qu'il existe une inflation de nouveaux modèles possibles. Ils reflètent la période de mutation dans laquelle nous sommes engagés.

En suivant les propos des acteurs que sont les hommes et les femmes chargés de l'éducation, on sort de l'idéologie pour se tourner vers des débats de fond : à quelles conditions, à quel prix, avec quelles angoisses, quels bénéfices, s'effectue le passage d'une culture à l'autre, référée à la différence entre les sexes et entre les générations ? On comprend que, avec la question paternelle et maternelle, il s'agisse d'interrogations brûlantes qui accompagnent les conditions de passage des cultures patriarcales, rurales et industrielles, à une culture contemporaine postindustrielle préoccupée d'égalité, bien que toujours à domination masculine. À moins qu'il ne s'agisse véritablement de la remise en cause de la domination masculine, qui constitue, pour l'avenir, un questionnement fondamental.

Pourtant, la période qui est marquée par le découplage entre la conjugalité et la parentalité, la filiation et l'alliance, voit se juxtaposer de nouvelles situations faites de séparations, de recompositions, au cours desquelles la fonction maternelle est sollicitée là où la fonction paternelle est, pour de nombreuses raisons, sujette à caution.

Par ailleurs, l'homoparentalité, qui commence à se développer, soulève de nombreuses interrogations, et s'affronte à de nombreux tabous, en même temps qu'elle peut être perçue comme source d'innovation dans sa capacité à concevoir les places parentales et à redéfinir le partage des rôles autrement que par référence à la division sexuée traditionnelle.

Enfin, si le découplage possible entre la sexualité / la procréation et entre la filiation / l'alliance dans une société biologisée, à haute technologie, ouvre de nouveaux horizons, il débouche aussi sur l'inconnu et constitue une source nouvelle d'insécurité existentielle dans un contexte déjà fortement déstabilisé par des remaniements identitaires et symboliques. Avec le passage de la monoculture de la parentalité à la polyculture, les hommes et les femmes se trouvent de plus en plus sollicités par une mise à équivalence, de manière totalement inédite. Cela engendre stupeur et effroi : en sortant la maternité de ses ornières et de ses injonctions, tout en sollicitant la paternité dans sa dimension relationnelle, qui peut être déconnectée du biologique, de la sexualité, et aussi avec l'émergence du constat que le « père » peut ne pas être obligatoirement masculin...

On va, décidément, vers un contexte qui fait violence à nos repères les plus fondateurs et qui met en perspective des réalités difficilement envisageables. On en appelle alors au renforcement de l'ordre, de l'autorité et à la nostalgie de la paternité traditionnelle, on sollicite la fibre maternelle tout en stigmatisant de nouveaux boucs émissaires.

Pourtant, la question se pose de savoir comment l'État, les entreprises, les institutions, les associations peuvent développer, pour accompagner les changements, de nouvelles politiques et de nouvelles initiatives. Comment encourager et mieux accompagner l'émergence d'une nouvelle conscience parentale, d'une part (car, en amont de la responsabilité parentale, il y a la conscience), comment se détacher des anciennes formes de domination entre les hommes et les femmes et redoubler de vigilance face aux nouvelles formes de domination qui empêchent la subjectivité, d'autre part ? Comment respecter l'autonomie psychique de l'enfant, dans une société qui ne l'intègre pas et ne lui fait pas de place, comme je l'ai déjà montré[1], le sollicitant surtout comme étayage identitaire de l'adulte et comme agent de régulation de la société de consommation et de la société biotechnologisée... ?

Il semble impossible de faire état du mouvement de décomposition de la monoculture de la parentalité dans lequel la société est engagée et de la transition vers la polyculture sans poser trois questions concernant :

— le dépassement de la domination entre hommes et femmes ;
— les conditions de la construction et du respect de la subjectivité de chacun ;
— la conception de l'enfant sujet.

Ces préoccupations constituent trois enjeux essentiels ; chacun représente un mouvement culturel et fait partie intégrante de la problématique de la mutation.

1. C. Castelain Meunier, *Pères, mères, enfants,* Paris, Flammarion, « Dominos », 1998.

Chapitre I

Tensions et contradictions

1) L'enfant comme expression de l'extension identitaire de l'adulte et non plus tant de la société

Si l'on considère qu'il y a eu peu de changement dans les pratiques, comparativement à la remise en cause culturelle de certains modèles et de certaines normes, en ce qui concerne le partage des rôles, entre les hommes et les femmes, on peut aussi admettre que les aspirations et les normes ont changé. Prenons l'exemple de Rabelais, qui décrit la naissance de Pantagruel. La mère de Pantagruel meurt à la naissance de son fils. Le père reste serein, endossant l'événement avec le fatalisme lié à la religion : sa femme a été rappelée par Dieu et il cherche une autre femme pour lui, sachant que, de toute manière, la servante s'occupera de l'enfant. On conviendra aisément du fait que la naissance ne met plus autant en péril la mère qui accouche, dans les pays dits développés, et aussi du fait que l'homme n'est plus cet étranger invétéré à l'univers de la naissance et de la petite enfance, inapte à se débrouiller dans l'espace privé. Des facteurs essentiels ont changé à l'échelle de l'histoire, comme l'allongement de l'espérance de vie et la valorisation de l'univers de la petite enfance, dans le sens de la recherche de qualité du lien accompagnateur de la naissance.

Il n'est plus question de contribuer coûte que coûte à la reproduction de la société, mais de s'impliquer d'autant plus dans l'éducation de l'enfant qu'il s'agit surtout d'assurer aussi sa propre pérennité individuelle, dans une société soucieuse d'identitaire, d'estime de soi. On attache désormais beaucoup d'importance à la qualité du contexte économique et social dans lequel s'inscrit l'enfant, qu'il s'agisse des adoptions ou encore, à un autre niveau, du recours à l'insémination artificielle, au don de sperme, à la mère porteuse, qui requièrent des techniques coûteuses. Dans la société contemporaine, l'enfant est valorisé comme expression d'un choix et d'une démarche d'affirmation identitaire.

Dans la société rurale, traditionnelle, l'enfant était le garant de la continuité et du maintien de la tradition.

Dans la société industrielle, il prolongeait le développement économique de celle-ci, du savoir et des techniques.

Dans la société postindustrielle, c'est-à-dire aujourd'hui, l'enfant prolonge l'affirmation identitaire de l'adulte et symbolise le changement. Il prend place en tant qu'extension de l'adulte et non de la communauté ; il est sollicité dans une dynamique qui assure la pérennité de l'adulte, son déploiement. On le sollicite comme étayage identitaire.

D'où la nécessité de rétablir l'équilibre en permanence, en faveur de l'enfant, au nom de son intégrité physique, psychique, c'est-à-dire de son unicité et de son unité, en tant que personne et sujet. Il n'est pas étonnant que l'on ait sans arrêt besoin de faire référence à la notion d'intérêt de l'enfant. C'est un nouveau leitmotiv, une référence fourre-tout qui donne bonne conscience, mais, surtout, qui en dit long sur l'absence de prise en compte, à l'échelle collective, de la place de l'enfant. C'est aussi l'expression du malaise qui entoure la place de l'homme et de la femme en tant que père et mère autour de l'enfant, qu'il s'agisse de parentalité biologique et/ou sociale ou encore du partage de l'éducation, quel que soit le lien de parenté. C'est aussi le témoignage des interrogations qui entourent l'exercice des fonctions parentales et l'expression de l'angoisse face au contenu de la transmission et à l'inflation des modèles.

Nous appartenons à une société qui survalorise le rôle de la mère et donc qui surresponsabilise les femmes alors même que les pères ont tendance à ne pas être sollicités comme des éducateurs à part entière. Et, pourtant, nous sommes toujours dans une société à domination masculine. Autant dire que nous sommes en plein paradoxe.

Sachant que, par ailleurs, et ceci explique cela, les différences homme-femme, père-mère ne sont plus tant fondamentales et motrices pour la conception de l'organisation de la société et sa reproduction. On continue, certes, à reproduire des habitudes, dans la continuité des millénaires passés, en ce qui concerne les différences socioculturelles et les inégalités entre les sexes, mais ce qui est porteur de sens aujourd'hui, en termes de problématique, concerne les empêchements et les obstacles à l'affirmation de soi comme sujet adulte ou en tant qu'enfant.

Notre réflexion sur la famille va dans ce sens. Quels sont les facteurs qui accompagnent la subjectivité de l'humain et, au contraire, quels sont ceux qui constituent des obstacles ? Comment et à quelles conditions s'élaborent les liens ? Savons-nous en fin de compte nous parentaliser ? Ou, encore, comment effectue-t-on le va-et-vient du conjugal au parental ?

Nous nous proposons d'interroger les « affaires privées » (dont les frontières avec la sphère publique sont devenues plus perméables) sous l'angle de la dialectique entre l'individuel et le collectif, au regard de la question des inégalités, de la complémentarité et de la diversité culturelle. Nous nous appuierons sur les recherches que nous avons menées[1] depuis une quinzaine d'années, évoquées dans le corps du texte ou plus particulièrement développées dans le chapitre « Enquêtes et recherches ».

Nos propos pourraient s'intituler : « Des difficultés à vivre à deux et à passer à trois, puis à revenir à un, dans l'altérité et la continuité du partage des responsabilités parentales. »

1. C. Castelain Meunier, *Les hommes aujourd'hui,* Paris, Acropole, 1988 ; *L'amour en moins,* Paris, Olivier Orban, 1991 ; *Cramponnez-vous les pères ! Les hommes face à leurs femmes et à leurs enfants,* Paris, Albin Michel, 1992 ; *La paternité,* Paris, PUF, « Que sais-je ? », 1997 ; *Pères, mères, enfants,* Paris, Flammarion, « Dominos », 1998 ; *Le cordon paternel, des liens téléphoniques entre des pères non gardiens et leurs enfants,* Réseaux n° 82-83, CNET, 1997 ; « La nouvelle présence du père », *Revue des Deux Mondes,* mai 2001 ; « Du mouvement des femmes à la paternité contemporaine », *Penser le sujet,* autour d'Alain Touraine, Paris, Fayard, 1995 (dir. F. Dubet et M. Wieviorka) ; « Contribution à la réflexion sociologique sur la formation des identités sexuées », Habilitation à diriger des recherches, 1997 ; « D'un sexe à l'autre, d'une culture à l'autre, la coparentalité en question », *La différence culturelle,* dir. M. Wieviorka et J. Ohana, Paris, Balland, 2001 ; « La conscience paternelle », *Le père dans la périnatalité,* dir. Pierre Leroy, Ramonville-Saint-Agne, Érès, 1996 ; « La complexité contemporaine de la répartition et de la prise des places parentales » et « Paternité et virilité », *La problématique paternelle,* Ramonville-Saint-Agne, Érès, 2001.

De prime abord, on pourrait dire, si l'on s'en tient aux apparences, en matière de conduites et d'aspirations, que les grandes tendances vont dans le sens d'un plus grand choix de vie des acteurs, dans le domaine privé, se traduisant par le retard de l'âge des parents à la naissance du premier enfant ; le choix du nombre d'enfants ; la diversité des formes d'union possibles et de désunion.

En effet, les changements de la condition féminine, des mœurs et des lois ont considérablement modifié le rapport des femmes à la famille, dès lors que les femmes ont eu la possibilité d'exister comme sujet social et d'exercer un choix dans le domaine de la procréation. En même temps, s'est développée une plus grande possibilité de subjectivation de l'homme par la femme, ainsi que la négociation entre homme et femme, l'orientation vers le partenariat et le développement du mariage appelé « conversation » par Irène Théry (1999)[1].

Dans le domaine de l'éducation, au sein de la famille, la tendance irait dans le sens d'une recherche d'épanouissement de la personnalité de l'enfant et de l'aspiration à construire une dialectique, autour de l'égalité et la différence entre les hommes et les femmes. De même qu'on chercherait la compréhension et l'accompagnement dans la solidarité et l'affection. Alors, où sont les problèmes ?

2) Inflation des attentes et difficultés à être parent

La dynamique contemporaine est d'autant plus vécue sur le mode paradoxal qu'elle est faite de changements et d'archaïsmes, qu'elle engendre des contradictions, des tensions, des ambivalences, des négations, des vides, des non-dits, du latent, du refoulé, du déni, de la souffrance, dans un contexte en transition, voire en mutation.

Pour schématiser, on pourrait dire dans un premier temps que les femmes comblent des manques à gagner vers l'égalité, et que les

1. I. Théry, « L'énigme de l'égalité », *Esprit,* mai 1999.

hommes vivent des pertes de pouvoir. On ne sait pas comment « être ensemble », pour évoquer l'ouvrage d'Alain Touraine, *Pourrons-nous vivre ensemble ?*[1]. On ne sait pas comment effectuer ensemble ce passage et ce va-et-vient du conjugal au parental. Cela expliquerait alors qu'on ne sache pas non plus comment se séparer. Perspective sur laquelle nous insistons d'autant plus que l'on a tendance à mettre l'accent sur les difficultés inhérentes à la séparation, sans mettre l'accent sur les difficultés qu'il y a à se parentaliser aujourd'hui. Alors même qu'il nous semble très important – et c'est l'un des objectifs de notre travail – de souligner et d'identifier ces difficultés, ces contradictions, ces tensions entre les aspirations et la réalité, en les référant aux spécificités contemporaines des attentes et des exigences, en matière identitaire en général et, bien évidemment, au regard de l'union, de l'entrée en parentalité. Et de son maintien. L'entrée en parentalité, en effet, reflète bien la complexité des aspirations des acteurs et les particularités contemporaines du passage du conjugal au parental. Elle constitue un point d'orgue autour duquel converge la complexité contemporaine. Avant de revenir là-dessus, dans l'ensemble de l'ouvrage, nous ferons référence à deux situations qui nous semblent éloquentes du manque à gagner des femmes.

La première concerne celle des femmes appartenant aux milieux populaires, ayant vécu dans des conditions familiales difficiles et qui, vivant une maternité précoce, alors qu'elles ne possèdent ni qualification, ni diplôme, sont très vite marginalisées par rapport au marché de l'emploi. Nous renvoyons sur ce point à l'étude de Françoise Battagliola[2] (1999). Elles tomberont d'autant plus vite dans la précarité qu'elles sont fondamentalement privées de capacité à conduire leur vie, à la choisir, qu'il s'agisse de jeunes femmes d'origine étrangère ou française.

Une autre situation caractérise une grande partie de la population féminine dans le sens des inégalités économiques, sociales, culturelles, civiques, entre les hommes et les femmes. De telles inégalités se traduisent en termes de difficultés à construire une carrière, à conserver un poste, et condamnent à des salaires inférieurs. Le pôle majeur que constitue le travail déstabilise, par ses spécificités et exigences, l'équilibre identitaire féminin, même si

1. Paris, Fayard, 1997.
2. Intervention au séminaire « Politique sociale », 11 juin 1999.

certaines femmes ont vécu des ascensions sociales. On connaît bien le fameux plafond de verre, les réseaux de cooptation masculine dont les femmes sont exclues[1], mais moins bien les effets spécifiques engendrés sur l'identité féminine.

Il nous semblait nécessaire de rappeler ce contexte, car il est fondamental d'évoquer les conditions de vie dans la sphère publique pour rendre compte de la spécificité des situations féminines et masculines dans le secteur privé et rappeler que ces phénomènes interfèrent sur la parentalisation. D'importants travaux sur les femmes ont été réalisés, constituant de formidables bonds en avant dans la réflexion, tant dans le cadre de la littérature féministe que dans le domaine de la sociologie de la famille auxquels nous ne pouvons pas faire référence ici, tellement le champ est vaste[2]. Notre angle d'approche renvoie au thème encore relativement tabou des rapports entre les changements du masculin et les changements du féminin, qui inclut bien évidemment la question du féminin, mais dans une optique un peu spécifique.

Comment avoir une vie amoureuse et des enfants dans une conjoncture marquée par les inégalités, alors que les aspirations à l'égalité sont fortes, tout en vivant des différences aussi profondément ancrées et intériorisées, dans une société très culturelle et fortement centrée sur le biologique ? Comment vivre l'amour, la sexualité, l'entretien des besoins, l'enfantement, l'éducation des enfants, dans un contexte d'inégalité homme-femme, alors qu'on aspire à l'égalité et à la différence ? Le relationnel amoureux est difficile à construire dans la continuité et la durée. La négociation, l'échange rationalisé, contrôlé, accompagne difficilement l'émotion, le plaisir, l'érotisme, les fantasmes, qui plus est avant, pendant, après la mise au monde d'un enfant et l'engagement dans son éducation. On constate un grand nombre de « dérapages » et de séparations pendant l'attente de l'enfant, pendant et peu de temps après la naissance de l'enfant, des enfants. Rechercher et partager une affirmation identitaire en

1. J. Laufer, A. Fouquet, « Femmes cadres : carrières, accès au pouvoir et à la décision », *Cultures en mouvement,* n° 14, février 1999.

2. Cf. notamment des travaux aussi divers que ceux de Michelle Perrot, Jacques Commaille, Jeanne Fagnani, Françoise Gaspard, Marie Victoire Louis, Rose-Marie Lagrave, Yvonne Knibiehler, Josyane Mossuz-Lavau, Geneviève Fraisse, Sylviane Agacinski, Mathilde Nobécourt, Catherine Garnier Petit, Dominique Meda, à qui il faudrait ajouter de nombreux auteurs ; et nous renvoyons aussi à notre large bibliographie en fin d'ouvrage.

cours et perpétuellement remaniée, développer une vie sentimentale et avoir une sexualité épanouie, des investissements professionnels, ainsi que des responsabilités éducatives, en prêtant attention à la formation et à la construction de l'identité des enfants, peut être considéré comme relevant de l'exploit. La difficulté à concevoir l'affirmation de soi est double, car elle se situe au cœur de la problématique de la différence entre les sexes et au cœur de la différence entre les générations. Les difficultés d'affirmation sont fortes, et les problèmes identitaires ont une incidence profonde sur la dynamique relationnelle conjugale et parentale, qu'il y ait ou non partage de vie commune. L'attente de l'enfant, sa venue, son éducation réactivent les compulsions et remaniements identitaires, à la croisée de l'histoire individuelle et collective en termes de groupe d'appartenance et de référence.

La construction de liens spontanés et à long terme avec un autre adulte et avec l'enfant sollicite l'émotionnel et l'affectif, de même que le partage des responsabilités, de l'autorité, la conception et la prise de places parentales autour de cet enfant. C'est d'autant plus difficile aujourd'hui qu'on se situe au cœur de la dialectique issue de la déconstruction des traditions héritées de millénaires et de la reconstruction d'une nouvelle répartition symbolique, culturelle des places, dans un contexte qui voudrait tendre à l'égalité. Il existe des blancs, des vides, des replis, des creux, des pleins, à la suite de ce qu'on peut appeler l'émancipation féminine inachevée et l'ébauche de modernisation de la condition masculine, différente de la conception de la virilité de l'époque industrielle. Soulignons alors l'importance de deux tendances. La première renvoie au surinvestissement des mères, la seconde reflète la volonté de certains pères de s'impliquer.

3) Le surinvestissement des mères

Il relève de la conjugaison de quatre dimensions qu'il est possible de résumer de la façon suivante :

— la conception du lien à l'enfant est considérée par référence à l'affirmation exclusive comme épouse et mère telle qu'elle existait autrefois et réitérée dans ce sens, y compris dans le cadre de la trajectoire d'affirmation comme femme ayant des droits civiques et sociaux ;

— l'affirmation de la femme comme sujet social est désormais possible, mais la condition féminine demeure infériorisée par rapport au masculin ;

— le choix de faire un enfant existe désormais et s'inscrit dans une dynamique individuelle, dans le sens de l'enfant pour soi, et non pas tant pour la communauté et la nation comme autrefois ;

— l'archaïsme des modèles accompagnant la conception du rôle du père perdure et favorise sa non-implication dans la vie du foyer, mais aussi la naïveté qui accompagne les représentations concernant le rôle de la mère.

Ainsi, le surinvestissement actuel des mères pourrait être décrit à l'aide des images juxtaposant le fait de pouvoir s'affirmer comme femme, tout en étant un sujet social « dominé », pouvant vivre une maternité choisie, « volontaire », mais n'échappant pas à des dogmes obsolètes et une conception du lien père-enfant archaïque.

Lors de la recherche que nous avons faite sur le mouvement des femmes, à l'initiative d'Alain Touraine, nous avons été frappée par l'insistance des femmes à réintroduire le thème de l'enfant. Cette matrifocalité, qui se serait profondément consolidée, mais qui se retourne souvent contre les femmes et les enfants, est soutenue par les interventions de l'État, d'autant que la mère et l'enfant ont été rapprochés, dès le XIXe siècle, à la suite de la défaillance de certains pères. Elle est relancée, par exemple, par les professionnels de la petite enfance qui, à leur grande surprise, se prennent à dire au père qui vient chercher son enfant : « Vous direz à votre femme qu'il a bu son sirop... », comme si le monopole de l'éducation était l'apanage des femmes et que le père n'était qu'un relais et pas un acteur éducatif à part entière. Dans le cas de séparation, la garde, la résidence principale, l'autorité reviennent de fait en grande majorité à la mère, et ce d'autant plus que le père est au chômage, les femmes disposant par ailleurs, à l'inverse des pères – comme le constatent les hommes qui s'occupent seuls de leurs enfants –, de réseaux spécifiques de sociabilité et de soutien en tant que mères. Face à cette matrifocalité, on peut constater du côté masculin des stratégies de fuite, de repli, d'effacement, du mimétisme avec une perte identitaire, du désintérêt, de l'agressivité, mais aussi une surenchère et du volontarisme.

4) Le volontarisme des pères

Il s'agit du mouvement amorcé par les hommes pour occuper leur place auprès de l'enfant.

Comparée à celle des mères, qui d'emblée est définie biologiquement, la place des pères n'est pas définie. Les nouvelles places des pères varient en partie en fonction des sollicitations de l'homme par la femme, mais aussi – et ceci est nouveau – en fonction de la volonté de l'homme de prendre sa place indépendamment de la conduite, des sollicitations ou des empêchements relevant de la femme et de la tradition. Cela est perceptible dans les conduites masculines au sein de certaines familles, comme nous le verrons, et aussi lors de séparation, et ce volontarisme est présent dans le cadre des associations de défense de la paternité qui existent dans de nombreux pays. Cette place n'en est pas moins complexe, car, aujourd'hui, elle est dépendante de la nature du lien développé par le père avec son enfant, donc de sa disponibilité, de sa compréhension, de sa capacité à être à l'écoute et attentif à la découverte de la personnalité de l'enfant. Encore faut-il pour cela que le père ait accès à l'enfant, alors qu'au cours de l'histoire le travail industriel et l'État l'ont éloigné, sans parler des transformations concernant les conceptions et l'exercice de l'autorité paternelle, dont le contenu et la symbolique ne sont plus tant, aujourd'hui, différenciés de celle de la mère. Ainsi, la question des changements de comportements paternels va de pair avec celle des modes d'affirmation de la virilité. Les changements passent par la transmission de l'expérience dans la relation de proximité avec l'enfant. C'est dans un mouvement de détachement par rapport aux valeurs et aux modèles associés à la société industrielle que le changement se fait dans un nouveau rapport au corps, à la sensibilité, à l'émotion. C'est aussi dans le cadre d'une redéfinition des clivages et de la hiérarchisation entre le public et le privé. Celle-ci se traduisait auparavant, à l'époque industrielle, par l'éloignement de la sphère domestique, de l'univers de l'enfantement, de la petite enfance, le mépris des affaires féminines, la suprématie de la raison sur l'émotion, etc. Une des manifestations de ces changements commence à émerger, même si elle demeure marginale, autour de la conception de l'éducation des garçons. On commence à évoquer la répression de la sensibilité, de l'émotion masculine et la manière dont la culture de la virilité l'inhibe. Trente ans après Belotti et son ouvrage *Du côté des petites filles*[1], il est question des petits garçons. Nous pensons à des ouvrages comme *Protecting the Emotional Life of Boys*[2], ou encore *The wonder of boys*[3]. Par ailleurs, des témoignages de pères rendent compte des prises de conscience du rôle de père, dans le cadre de séparation avec leurs enfants, alors qu'ils se battent pour récupérer plus de jours de garde. Des livres canadiens très intéressants en témoignent.

Mais ici il s'agit surtout d'un mouvement des pères cherchant à prendre leur place, en réaction à leur marginalisation. Il s'inscrit cependant dans un contexte plus vaste, caractérisé par des modifications importantes comme le don de sperme ou l'insémination artificielle qui « pâlissent » la paternité. Alors que, par ailleurs, des hommes innovent dans leurs pratiques éducatives, il n'en est pas moins vrai que l'absence de reconnaissance de leur place et la perte de légitimité de leur autorité existent, ainsi qu'un effacement quotidien fait de silences... Les procédures délicates, douloureuses, de séparation, se traduisant par des conflits en matière de partage de l'autorité parentale et de la garde, reflètent les malaises d'ordre culturel, symbolique, identitaire qui accompagnent l'alliance, la cohabitation et le partage des places. Nous en connaissons tous des exemples dans notre entourage. Le recours à la médiation, originaire du Canada, témoigne de la difficulté des protagonistes à être dans la réflexivité, la distance.

L'association SOS-enlèvements internationaux d'enfants, elle aussi, rend compte des situations inextricables vécues par des jeunes parents ayant des enfants en bas âge. Cette association revendique la création d'une mission d'information parlementaire et d'un tribunal compétent local pour traiter en urgence des dossiers de séparation dont les procédures sont interminables. En effet, la

1. E. Gianini Belotti, Paris, Éditions des Femmes, 1973.
2. D. Kindlon, M. Thompson, New York, Ballantine Books, 1998.
3. M. Gurian, New York, Penguin Patnem Books, 1996.

complexité des juridictions se conjugue à celle des prises de rôles et des places du père, de la mère, de l'enfant. La Convention des droits de l'enfant, les accords de La Haye semblent aujourd'hui largement dépassés par la question de la conception et du partage de la coparentalité entre les parents d'enfants vivant à des milliers de kilomètres. Qu'il s'agisse d'un couple franco-allemand, franco-vénézuélien, franco-turc, franco-américain, etc., la complexité est grande, notamment avec la référence aux droits de la personne et à la souveraineté nationale. Le côté inextricable de ces situations est d'autant plus réel qu'il s'agit de trancher quant à la résidence de l'enfant en bas âge, de choisir le magistrat le plus spécialisé, alors même que la référence au territoire est majeure dans la conception de la personnalité, du rôle, de l'affirmation identitaire, pour chacun des deux membres du couple « mixte »[1]. Chacun envisage mal une scolarisation et une éducation relevant d'une autre culture que la sienne. Les disparités culturelles se superposent, renforçant les complexités identitaires et rendant ainsi compte des difficultés à concevoir et à respecter l'autonomie de l'enfant et le partage des responsabilités éducatives.

Il nous semble important de mentionner par ailleurs une autre dynamique, en l'occurrence la curiosité que suscite l'homoparentalité, c'est-à-dire l'éducation de l'enfant par un couple homosexuel, homme ou femme. Ce contexte ambiant pouvant interférer d'une manière ou d'une autre sur le volontarisme des pères.

On ne sait pas très bien si c'est la revendication de la reconnaissance de l'homosexualité qui interpelle, et pourquoi, ou si c'est le symbole de liberté, de transgression qui donne l'impression de « dépoussiérer » la famille. L'association des parents gays et lesbiens cherche à éviter que l'enfant ne se retrouve enfermé dans un rôle d'alibi servant à la revendication de l'homosexualité.

Dans le groupe d'hommes qui participait à la recherche sur le masculin quelques années après la recherche sur le mouvement des femmes, nous avions été sensible à la prégnance du thème de l'enfant.

On revient ainsi à la difficulté à concevoir, à maintenir la parentalité, qu'il s'agisse de sa mise en place ou de son vécu, et que cela se traduise ou non par une séparation.

1. A. Barbara, *Les couples mixtes,* Paris, Bayard, 1995.

En effet, la cohérence antérieure qui accompagnait le féminin et le masculin se défait. La symbolique, le culturel, le social se dissocient en partie de manière anarchique, en même temps que de nouvelles recompositions apparaissent. La question de l'affirmation des identités dynamise et handicape les rapports éducatifs familiaux. Encore une fois, comme nous l'avons vu, l'enfant est souvent sollicité comme appui, support d'affirmation identitaire dans la confusion des relations, des identités.

Les hommes, les femmes seraient concernés, tentés même par un mouvement d'appropriation individuel de l'enfant, ce qui est source de tensions. De même que dans la société industrielle il a fallu réagir à l'exploitation économique de l'enfant, comme l'a signifié l'interdiction du travail en usine, en 1841 (pour la France), de même on se trouve aujourd'hui devant la nécessité de réagir contre l'exploitation du capital identitaire, émotionnel, sensitif, sensoriel, que constitue l'enfant pour l'affirmation identitaire des adultes et la dynamique des relations entre eux.

Ainsi, l'affirmation des identités dans un contexte en transition, voire en mutation, autour de la dialectique comprise entre l'égalité, la différence – alors que l'égalité n'est pas réalisée et que les différences peuvent s'exacerber –, est peut-être plus au cœur de la violence sociale actuelle qu'on ne le pense. Car elle est au cœur des tensions entre le conjugal et le parental ainsi que de la dynamique éducative qui sollicite l'enfant comme point d'appui dans la recherche de dépassement des contradictions.

Les tendances que nous venons de décrire accompagnent des modèles plus classiques. Mais il n'en demeure pas moins que s'estompent aussi des modèles culturels qui ne dépassaient pas les particularités nationales au profit de ceux qui reflètent, à l'échelle internationale, les préoccupations identitaires des hommes et des femmes avec leurs enfants.

5) L'enfant : un monopole maternel concurrencé par la paternité relationnelle

Dans la société contemporaine, l'enfant reste néanmoins le monopole maternel. Cela ne manque pas de surprendre, au regard des luttes des années 1970, car il s'agissait pour les femmes de revendiquer la possibilité de s'affirmer enfin comme sujet social et de se débarrasser de ce statut hérité du passé, à l'exclusivité de tout autre : celui d'épouse et de mère.

Nous ne reviendrons pas sur les multiples raisons qui confinent la mère et l'enfant dans des situations archaïques. Nous ferons référence à celles qui contribuent à éloigner le père de l'enfant, alors même qu'on parle aussi des nouvelles manières d'être père.

La conception traditionnelle du père, qui fait toujours recette, n'en a pas pour autant perdu une part de légitimité. En effet, comment justifier le poids de la paternité symbolique dans une société qui n'est plus conçue comme la société traditionnelle, autour du religieux communautaire ? Ou encore, comment se référer à la logique paternelle fondée sur la rationalité industrielle, dans une société biologisée et dite de communication ? Les modèles culturels qui accompagnaient les contours de la paternité, qu'elle soit traditionnelle ou industrielle, perdent leur légitimité. L'incidence n'est pas négligeable et nécessite, comme de nombreux ouvrages en témoignent, d'orienter la réflexion vers la place, la part, la fonction et le rôle du père.

En outre, la paternité était naguère définie par l'institution du mariage religieux puis du mariage civil. D'institutionnelle, elle devient contractuelle, et n'est plus garantie par le comportement de la femme. En effet, autrefois, l'institution du mariage imposait un type de comportement à la femme, qui se portait garante d'une paternité – dont on ne pouvait pas alors faire la preuve sérologique comme aujourd'hui –, en faisant vœu de chasteté avant le mariage et de fidélité pendant le mariage. Sa conduite garantissait la pureté de la lignée. Au vu de la nouvelle donne des rôles entre l'homme et la femme, ce qui régit la paternité aujourd'hui, c'est le contrat de loyauté qui relie l'enfant à son père, c'est la conscience paternelle, là où la paternité relationnelle prend le pas sur la paternité institutionnelle.

Mais le bien-fondé d'une paternité relationnelle fait défaut, dans la mesure où les valeurs, l'éthique, susceptibles de la légitimer manquent. Elles sont à créer ou, plutôt, elles surgissent des cendres de modèles qui ont fait leur temps, dans une société qui n'en demeure pas moins toujours à domination masculine.

Le lien à l'enfant demeure symbole maternel, alors même qu'il devient moyen et manière d'être père. Ce lien est loin d'être encouragé dans sa nouvelle dimension. Rares sont les endroits qui reconnaissent la place du père dans ce sens. Plus souvent le père apparaît comme une pièce rapportée. Il est celui qu'on sollicite faute de mieux, ou encore celui qui dérange, qu'il s'agisse des consultations prénatales, des maternités, des crèches, des jardins d'enfants. Il n'est pas considéré comme un interlocuteur éducatif à part entière dans l'univers de la petite enfance. Il est défini dans l'ombre de la mère. Les puéricultrices de crèche avouent en toute honnêteté qu'elles ne savent pas trop comment s'adresser aux pères qui sont, disent-elles, plus nombreux, depuis une dizaine d'années, à assister aux journées d'initiation de l'enfant à la crèche et/ou à accompagner l'enfant le matin, ou à venir le chercher le soir. En échange de quoi la mère contemporaine est surresponsabilisée et continue à être perçue et même à se percevoir à partir du clivage, hérité du siècle passé, qui subordonne la sphère privée à la sphère publique. Cette conception associe la femme à la nature, l'homme à la culture, et la loi qu'il incarne est censée maîtriser la nature.

Prétendre que la référence à la loi symbolise le masculin, donc le père, c'est reproduire le clivage entre les sexes tout en l'entérinant. C'est clamer la suprématie du masculin, au moment même où les modèles antérieurs d'affirmation de la différence sont interrogés et revisités, car, faute de légitimité, le patriarcat de la société rurale est en perte de vitesse ; quant à celui de la société industrielle, il se fissure.

Dans la société contemporaine, la recomposition des familles, l'homoparentalité, la fécondation *in vitro* déplacent les préoccupations vers de nouvelles références et font émerger de nouvelles questions. Elles convergent toutes vers le renforcement des liens entre le père et l'enfant, faute de quoi la paternité risque de disparaître, pouvant être alors exercée par quiconque jouera un rôle continu dans la séparation du duo mère-enfant et dans l'éducation de l'enfant. La marginalité des pères séparés de leurs enfants le confirme. Il s'agit aujourd'hui de repositionner la paternité par des mesures susceptibles de donner une nouvelle signification au lien éducatif père-enfant[1].

1. La proposition faite dans notre « Habilitation à diriger des recherches », en avril 1997, ainsi que dans l'ouvrage *La paternité* (p. 111, « Que sais-je ? », n° 3229), en juin 1997, de créer un livret de paternité, soumise à Ségolène Royal lors de notre intervention sur la paternité, en juin 2000, et reprise par elle, va dans ce sens (voir, en fin d'ouvrage : Le livret de paternité et son dépassement).

Mieux accompagner la prise de place de l'homme dans l'univers de la petite enfance constitue une garantie pour l'avenir, dans une société où l'enfant peut être pris dans la confusion identitaire comme support d'affirmation des adultes, qu'il s'agisse de la mère ou du père. La place du père au côté du tout-petit permettra au garçon devenu adulte de ne pas chercher éternellement la mère derrière la femme et à la petite fille de ne pas chercher systématiquement le père derrière l'homme. Les éternels clivages issus de la domination entre les sexes peuvent alors aussi commencer à se fissurer, d'autant que la diminution de la puissance paternelle a commencé à l'échelle de l'histoire, bien avant le mouvement des femmes. Et, pourtant, les inégalités courent toujours... comme le rappellent aujourd'hui encore les luttes des femmes.

Chapitre II

Ambiguïtés idéologiques et culturelles

1) La paternité comme symptôme

La question de la paternité est devenue l'une des préoccupations majeures de la société contemporaine, pour de multiples raisons. Les questions qui reviennent le plus fréquemment concernent la place du père, la fonction et le rôle paternel, comme s'il s'agissait de véritables clefs de voûte. Les amalgames les plus utilisés se réfèrent au déclin de la fonction paternelle et à la montée de la violence avec le rajeunissement de la délinquance, présentés comme des vases communicants.

La question du père apparaît aujourd'hui comme l'un des symptômes les plus importants, à la fois cause et effet des dysfonctionnements de la famille actuelle. Elle concentre en une sorte de pot-pourri de nombreuses interrogations et inquiétudes concernant l'égalité des sexes, le partage des rôles, l'éducation et le lien social.

Nous allons montrer au fil des pages que les questionnements sur les pères renvoient à des interrogations plus profondes et rendent l'objectivité de l'analyse difficile. Car des options prises par chacun dépend la conception même de la notion de reproduction de notre société, mais aussi ce qu'il adviendra de la reproduction de la différence entre les sexes. Il s'agit aussi de la conception de la filiation, de la parenté, de l'éducation, là où désormais ce qui était lié autrefois est en train de se séparer, signifiant de ce fait une véritable mutation. Celle-ci concerne aussi bien les mœurs que la politique, et elle est au cœur de la conception de la notion de démocratie.

2) Des confusions entre les pratiques, les rôles et les modèles

Lorsque nous avons commencé, il y a plus d'une quinzaine d'années, à réfléchir sur la paternité, après avoir travaillé sur les changements de la condition des femmes, en dehors du travail très important de F. de Singly qui rendait surtout compte de la paternité liée aux nouvelles caractéristiques de la famille, seule l'histoire, avec Y. Knibielher, et l'ouvrage collectif sous la direction de J. Delumeau *et al.*, ainsi que la psychanalyse avec les auteurs qui se référaient à Freud et à Lacan s'intéressaient à la question des pères. Nous cherchions alors à rendre compte des tensions, des contradictions accompagnatrices des rôles parentaux, que nous ressentions surtout de manière intuitive, il faut bien l'avouer, mais aussi à la suite d'observations de terrain. Il se passait vraisemblablement quelque chose qui relevait du social et du culturel, et qui concernait la sociologie, mais notre opinion, à l'époque, semblait bien marginale, d'autant que nous avions commencé à attirer l'attention sur les changements des hommes à la suite du changement des femmes, et c'est tout juste si nous n'étions alors pas perçue comme une ennemie à la cause des femmes. Pourtant, les travaux des historiens mettaient en perspective des changements de situations, sous l'angle symbolique, social, culturel, juridique. Ceux des psychanalystes rendaient compte de l'importance de la fonction symbolique du père, de l'importance de la résolution du complexe d'Œdipe et, avec Lacan, de l'introduction du père par la mère. Ces écrits tenaient lieu d'une bible quasi incontestable, mettant l'accent sur la fonction séparatrice du père, représentant de la loi et agent indispensable de socialisation. L'anthropologie, outre les ouvrages passionnants de Maurice Godelier et de Françoise Héritier, attirait l'attention, entre autres, notamment avec l'apport fondamental de Georges Balandier, sur ce qui relève de l'universel et de la diversité culturelle. L'ethnologie, par ailleurs, en faisant référence à des particularités culturelles, rappelait l'importance des rites et du sacré. Il s'agissait en l'occurrence des rites de la couvade. Manifestation symbolique, somatique, du passage d'un état à un autre, et de l'accompagnement de la remise de pouvoir à l'homme investi d'un nouveau rôle et de nouvelles responsabilités, c'est aussi, au moment de la naissance, un moyen de déjouer le mauvais sort, de détourner celui qui pourrait s'abattre sur la femme et l'enfant en l'attirant sur soi.

C'est tout récemment, par ailleurs, avec l'important travail de Gérard Neyrand – en liaison avec la psychologie, et ce n'est pas un hasard –, que la sociologie s'est tournée de manière plus systématique vers la question des pères, sous l'angle de l'analyse des pratiques, qu'il s'agisse de politique sociale et familiale, mais aussi de thématique de recherche. Jusqu'à présent, la perception de l'enfant dans le privé était indissociable de la mère, et la conception du père était indissociable des représentations traditionnelles concernant la famille. Autant dire que les résistances à l'analyse des tensions et des contradictions inhérentes à la paternité contemporaine ont été fortes et relevaient de l'idéologie, du parti pris plus que de l'objectivité, et cela d'autant que risque d'apparaître lorsque l'on se penche sur ces questions un véritable renversement de la problématique concernant la conception du lien adulte-enfant, donc aussi père-enfant.

En effet, jusqu'alors, le regard sur l'enfant, la manière d'appréhender sa place dans la société représentaient une illustration, un témoignage de la façon dont on concevait la différence des rôles, des fonctions entre l'homme et la femme, tel un reflet de la conception que l'on avait de la fonction éducative dispensée par un homme, par une femme dans la complémentarité et la différence. Aujourd'hui, ces conceptions perdurent et ont même tendance à se renforcer au fur et à mesure que l'on s'en éloigne, dans un mouvement de balancier, en même temps qu'elles perdent leur légitimité avec l'avancée vers l'égalité. Les relations à l'enfant deviennent témoignage et occasion pour manifester l'égalisation des sexes, en même temps qu'elles manifestent de manière concrète la différence, qu'il s'agisse de l'attente, de la venue au monde de l'enfant, de l'allaitement..., dans le cas de la reproduction naturelle.

L'appréhension des rôles éducatifs se trouve mêlée à celle de la redéfinition des places et des rôles entre l'homme et la femme, autrement dit mêlée à ce que l'on admet que l'on peut faire en étant un homme, ou ce que l'on peut faire en étant une femme. Sachant que derrière la conception des pratiques éducatives il y a la conception du devoir. Or nous avons senti combien, dans le domaine du parental, était présente la référence au devoir, lié à la fonction et au sexe, donc aux normes éducatives renvoyant à la conception de la différence sociale et culturelle entre les sexes.

Ainsi, l'approche sociologique de la paternité, comme étude spécifique d'une construction culturelle et sociale d'un rôle référé à des normes, était empêchée par un recouvrement idéologique qui renvoyait à des représentations bien arrêtées, constituant aussi une norme en soi, et cette même norme devenait objet et sujet d'étude, en tant que telle, ne permettant pas véritablement d'accéder à l'analyse de la paternité proprement dite. Et ce, dans sa double dimension : d'une part dans le sens de la pérennité du contenu du rôle, de la fonction, et ce qui y contribue, d'autre part dans le sens de la mise en question, de la contestation que laissaient entrevoir les aspirations et les pratiques des jeunes générations de pères. Faire admettre qu'il s'agissait en fait de travailler sur la norme culturelle elle-même, celle-là même qui accompagnait la manière d'appréhender la paternité, n'a pas été une mince affaire. Car nous allions vers ce qui était défini comme intouchable dans le sens où il s'agissait d'une référence considérée comme universelle ; et le fait que l'on s'interroge sur la fonction paternelle sous-entendait qu'on pouvait la mettre en cause, en même temps qu'on ne pouvait le faire sans s'interroger aussi sur une autre fonction, elle-même intouchable, la fonction maternelle. Les résistances à ce genre d'étude se sont révélées riches d'enseignement et ont fourni des informations non seulement sur la société comme sujet d'étude, mais aussi sur le milieu chargé de l'étudier.

3) La complexité de la paternité comme sujet d'étude

Nous avons appréhendé la question de la paternité dans les années 1985, à la suite de l'étude des effets du changement des femmes sur les hommes. Nous l'avons fait lors de rencontres avec des groupes d'hommes qui militaient pour la contraception masculine (ARDECOM) ou encore sur la question de la domination masculine (autour de la violence, la sexualité, les difficultés de communication) en éditant la revue *Types,* ou encore des groupes qui revendiquaient la reconnaissance de l'homosexualité. Par la suite, tout au long de notre parcours, nous avons continué cette étude par des interviews réalisées auprès de couples (l'homme et la femme interviewés séparément) ou encore réunis en groupe (voir le chapitre « Enquêtes et recherches » et ses Annexes), sans perdre de vue qu'il s'agissait d'une population appartenant à différentes classes sociales et à différentes générations, vivant diverses situations conjugales, parentales. De nombreuses rencontres avec le MEP (Mouvement de l'égalité parentale), le MCM (Mouvement de la condition masculine), le MCP (Mouvement de la condition paternelle) y ont contribué également. La thématique de la paternité s'est alors imposée comme une problématique et un sujet d'étude, dans le sens où elle ne semblait plus aller de soi, dans sa capacité à être reconnue et à pouvoir s'exercer, interrogeant du même coup le masculin derrière la contestation du rôle. À l'époque, une seule revue, *Le Genre humain,* dans le volume sous la direction de Nadine Fresco, et un seul ouvrage, *Les sexes de l'homme,* sous la direction de G. Delaisi de Parseval, s'étaient penchés sur la question du masculin, autour de l'idée centrale que la masculinité n'allait plus autant de soi. Alors, progressivement, pousser plus avant la réflexion sur la paternité s'est imposé, en continuant à mener des entretiens (voir « Enquêtes et recherches » et leurs Annexes) afin de comprendre les changements par-delà les stéréotypes du « papa-poule » qui avait émergé comme nouvelle formulation, essayant aussi de recueillir et d'identifier les revendications quand il y en avait. Il s'agissait donc de saisir une double dynamique : d'une part, l'expression de l'affirmation d'un rôle ; d'autre part, la revendication de celui-ci en cas d'empêchement, et notamment de difficulté à avoir la garde de l'enfant.

S'est alors imposée l'idée que les pères cherchaient à prendre une place, mais une nouvelle place. Ce n'était plus tant la place traditionnelle (référée à la symbolique du sacré par l'intermédiaire du religieux comme dans la société rurale) ou celle qui renvoyait à la société industrielle (l'homme représentant la loi en tant que chef économique et juridique). Ils revendiquaient d'autres aspects de la paternité. Ce qui ne cesse de nous frapper depuis que nous fréquentons ces associations – dont le nombre a augmenté, depuis 1985, entre autres avec SOS Papa... –, c'est que les revendications partaient d'un acquis irréfutable, incontestable pour les hommes, comme la revendication du droit d'accès à l'enfant, dans la pratique, au quotidien. Bref, ils revendiquaient le droit du lien à l'enfant qui aurait dû leur être automatiquement garanti, d'après eux, du fait qu'ils étaient le père biologique de l'enfant. Or, à la suite d'une séparation conjugale, ils n'y avaient plus accès, ils étaient marginalisés du foyer. Le choc vécu était d'autant plus fort, les réactions d'autant plus violentes, la souffrance d'autant plus grande qu'il y avait incompréhension face à la situation, au regard de la conception qu'ils avaient de leur paternité, référée à la dimension conçue comme universelle de celle-ci. Cette incompréhension ne s'expliquait finalement que par le fait qu'ils ne concevaient aucun recul par rapport à la domination masculine, à laquelle est associée la conception du patriarcat traditionnel, rural, ou encore industriel, qui légitiment l'exercice de la paternité, sans contestation possible du point de vue du relationnel conjugal. Pourtant, déjà, leur propre vécu les entraînait vers d'autres manières d'être et incluait d'autres modèles. Mais le choc symbolique, culturel, était pour eux d'autant plus fort qu'une logique jusqu'à présent jugée naturelle, inéluctable, ne l'était plus : le droit du père biologique, qui a reconnu ses enfants et qui s'en est occupé plus que son propre père, à les voir, quelle que soit la situation, était remis en cause. Inversion formidable, il était même question du « droit de l'enfant à voir son père », l'un des slogans revendicatifs qui perdurent aujourd'hui. On réalise bien ainsi comment trois modèles de paternité cohabitent. Le premier renvoie aux droits et aux représentations associées à la paternité traditionnelle (rurale), dans sa dimension incontestée sous l'angle symbolique ; le second modèle est celui de la paternité moderne (industrielle), référée à l'importance du chef de famille qui pourvoit par ses revenus aux besoins du foyer. Enfin, le troisième modèle, la paternité contemporaine, attribue beaucoup d'importance à l'éducation sous l'angle du vécu de la relation.

Ces trois modèles coexistent et créent une nouvelle complexité culturelle qui est loin de faciliter la compréhension du lien éducatif que constitue la paternité, dans le sens où ils renvoient à des représentations concernant les différences de rôles entre les hommes et les femmes très marquées par la domination et certaines conceptions de la virilité. Or, justement, bien souvent les hommes qui revendiquaient coûte que coûte l'exercice de leur paternité étaient loin d'être « machistes », certains même découvraient « sur le tas » que le fait de ne pas être marié les privait légalement de l'exercice de l'autorité parentale.

Nous ne reviendrons pas sur le travail d'Irène Théry, qui a tant compté et tant marqué l'analyse sous l'angle sociojuridique, mais nous mettrons l'accent sur l'interrogation concernant les enjeux et les complexités des affirmations identitaires sexuées et des réajustements qui s'effectuent dans ce domaine à la suite des nouvelles répartitions des rôles parentaux, que les individus vivent ensemble ou séparément.

Il n'est pas rare que la séparation conjugale, en obligeant au recul, pousse à se subjectiver pour développer des liens avec l'enfant en s'éloignant des modèles traditionnels, industriels, d'affirmation de la virilité, et à rechercher de nouvelles bases et nouveaux modes d'affirmation. On peut aussi oser l'hypothèse d'une certaine perte de légitimité de la paternité référée à la conception hiérarchisée entre les sexes, consécutive à la perte des garants métasociaux qui accompagnaient son exercice antérieur (remplacement de la puissance paternelle par l'autorité parentale en 1970, divorce par consentement mutuel en 1975, principe de coparentalité en 1993). Il s'agit d'une égalisation juridique des fonctions parentales entre les sexes, de fait encore bien difficile à admettre et à appliquer dans les pratiques, car elle bouscule les mœurs. La légitimité universelle de la différence culturelle, car sexuée, des fonctions parentales perd de sa force sur le plan symbolique, institutionnel, et perdure néanmoins dans la pratique, c'est-à-dire dans le lien et l'identitaire, alors que, nous l'avons vu, l'effritement symbolique de la puissance paternelle a commencé, à l'échelle de l'histoire, il y a bien longtemps, et n'a rien à voir avec le mouvement des femmes. Pourtant, ce qui est extraordinaire avec l'affirmation des femmes comme sujets sociaux, après le mouvement des années 1970, c'est que les femmes commencent à sortir du rôle qui leur était imparti. Ce rôle consistait à légitimer et à garantir la paternité par leur comportement (virginité, chasteté, comportement exclusivement d'épouse et de mère et non, comme aujourd'hui, de femme, dans le sens de sujet), et ce d'autant que la société, plus démocratique, n'est plus autant hiérarchisée et que la référence à la filiation pour s'affirmer a perdu de son importance, avec, entre autres, l'individualisation possible par l'école depuis 1883 et un ensemble de facteurs sur lesquels nous reviendrons.

Avec la désinstitutionnalisation de la famille traditionnelle et industrielle, l'affirmation des femmes comme sujets sociaux et le fléchissement de l'importance symbolique de la filiation, qui s'est produit au cours de l'histoire ancienne ou récente, les fonctions parentales se vident des repères culturels fondés sur la différence antérieure des sexes, en termes de normes, de règles de conduite. Les femmes n'authentifient plus la paternité autant qu'auparavant. Elles peuvent mettre les hommes « dehors », mais ce n'est pas d'elles que proviennent la désacralisation, la diminution du pouvoir paternel et le fait que des pères ne voient plus leurs enfants. La présence de l'homme auprès de la femme, mère de l'enfant, indiquait auparavant qu'il en était le père. Avec la preuve sérologique possible de paternité depuis 1955, les conduites normées ne sont plus tant tenues de garantir le rôle.

Si la dimension symbolique de la paternité s'atténue, la fonction paternelle perdure et un nombre important de pères revendiquent ou aspirent à l'exercer. La paternité est alors activée par le développement de la conscience paternelle, dans une dynamique qui relève plus du volontarisme, de l'engagement, que des mécanismes institutionnels. Des changements qualitatifs s'expliquent aussi du fait que les hommes peuvent être subjectivés par les femmes, elles-mêmes devenues, avec le mouvement des femmes, davantage sujets et débarrassées de certaines contraintes de rôles. De ce fait, la paternité, qui a perdu de son panache, est maintenue dans sa fonction par la volonté des hommes et des femmes de la faire perdurer. Mais tous les cas de figure sont possibles et peuvent renvoyer aux trois modèles de paternité (traditionnel, moderne, contemporain). Par ailleurs, certains enfants voient leur père, d'autres ne les voient plus, d'autres les voient un peu, d'autres voient le beau-père ou ne le voient pas ou voient le père et le beau-père... D'autres ont des pères présents mais absents, dans l'échange, dans l'autorité... ou encore présents par le biais de tous les rôles. Pourtant, la paternité n'est plus un droit indéfectible et peut se transformer en simple devoir (versement de pension alimentaire), sans l'assurance systématique de voir l'enfant.

Par ailleurs, l'association père = sexe masculin perd sa nécessité et son inéluctabilité, obligeant la paternité à se mériter ou à se réaffirmer pour compenser cet état de fait. En effet, cette nouvelle tendance découle d'un ensemble de facteurs, dont, rappelons-le, le découplage entre la sexualité / la procréation et entre la filiation / l'alliance (avec le recours possible à la procréation médicalement assistée, et l'aspiration exprimée par certains à l'homoparentalité).

À l'opposé, la paternité se remplit d'un sens nouveau, d'un contenu plus relationnel faisant écho aux changements de certains modèles culturels d'affirmation du masculin. Les rôles masculins qui allaient avec la fonction du père placée sous le signe du sacré ou de la rationalité s'étiolent. La paternité biologique est concurrencée par d'autres, et les pères ont des pratiques très diverses, y compris au foyer. Les recompositions familiales posent les problèmes de la substitution des places et des rôles. Un nouveau modèle de paternité émerge, et c'est à la recherche de définition de celui-ci que nous nous étions lancée, en initiant nos recherches sur la paternité.

4) La montée de l'individualité dans la conception de la filiation

Si l'on se tourne vers l'histoire[1], il apparaît que la paternité romaine n'accordait pas une grande importance à la paternité biologique. En effet, l'homme pouvait adopter un enfant ou se séparer de son enfant biologique. Pour pouvoir accéder à la paternité, l'important était d'être mandaté par ses ancêtres. La paternité était, dans ce sens, conçue comme une transmission de pouvoir.

Puis la religion monothéiste qui a succédé à la religion polythéiste a accordé de l'importance à la filiation biologique, dès lors que celle-ci était reconnue par l'Église comme pouvant s'inscrire dans la filiation. Cette contraction du biologique et du

1. Les travaux d'Yvonne Knibiehler et ceux dirigés par Jean Delumeau et Daniel Roche, ainsi que ceux de Didier Lett, sont fondamentaux.

social confère une dimension plus stricte à la paternité, en même temps qu'elle est présentée comme une conception plus large, dans le sens où chacun est censé pouvoir se définir à égalité devant Dieu, alors même que les pouvoirs du père sont limités, comparativement à la paternité romaine (le père avait notamment droit de vie et de mort sur ses enfants).

On voit bien comment chaque période provoque des glissements et des déplacements concernant la représentation de la filiation sous l'angle biologique, symbolique, social, culturel. Dans le cas de la paternité romaine, si une grande marge de manœuvre est permise au père à l'égard de l'enfant, toutefois l'exercice de sa paternité est fonction des ancêtres qui le mandatent pour être père.

Dans le cas de la paternité chrétienne, la dépendance aux ancêtres s'atténue, libérant du même coup les futurs parents, qui sont par ailleurs soumis à d'autres contraintes, telles que la référence omniprésente à la morale religieuse.

Puis cette libération du poids des ancêtres se confirme avec la révolution industrielle, à la suite du détachement par rapport à l'institution religieuse. On assiste à l'émancipation de l'acte de naissance, qui peut se laïciser et sortir de sa symbolique du sacré, avec le mariage qui n'est plus obligatoirement religieux. Dans le même temps, la conception du pouvoir des pères se transforme, pour ne concerner que les rapports avec les enfants biologiques, comme si les liens horizontaux (maritaux) prenaient de l'importance par rapport aux liens verticaux (les ancêtres).

La transformation du pouvoir des pères s'accentue dans la société contemporaine. Aujourd'hui, l'individu peut s'arroger des droits pour lui tout seul, dans le sens où il peut détenir le monopole de la parentalité sur sa descendance (avec la procréation médicalement assistée et/ou la monoparentalité), avec le choix individuel possible du mode de procréation. Ce mouvement traduit la montée de l'individualité jusque dans la conception de la filiation et de la transmission ; toutefois, les droits sur l'enfant, quand l'adulte est le parent biologique, ou le parent adoptif, sont limités, comparativement aux périodes antérieures. Par ailleurs, cependant, le sort de l'enfant a tendance à être de plus en plus détaché de celui de la communauté.

Ce mouvement à l'échelle de l'histoire est intéressant dans le sens où il nous conduit à porter un autre regard sur la problématique de la famille et, par là même aussi, sur la question de l'adoption, car il bouscule la prétendue universalité des normes concernant la répartition des places et des rôles autour de l'enfant, qu'il s'agisse de l'angle symbolique, social ou culturel.

La suprématie du père, eu égard au monopole qu'il possédait sur la filiation et à sa capacité à inscrire l'enfant dans celle-ci, s'est, sans conteste, transformée, notamment avec le double nom que l'on peut désormais donner à l'enfant, les possibilités que les femmes ont d'être chef de famille, le partage de l'autorité parentale, l'enfantement par insémination...

Il n'est plus le détenteur exclusif du pouvoir sur la filiation, même si l'on peut considérer qu'il ne l'a jamais été, en tant que personne, car, de fait, il incarnait, de par son sexe, la symbolique métasociale, présentée comme universelle, naturelle, y compris dans la conception de la différenciation symbolique, culturelle, sociale, entre les rôles et la domination entre les sexes.

5) Le renforcement du déséquilibre entre les rôles

La perte de suprématie de la symbolique paternelle qui accompagne l'individualisation se traduit de différentes façons, jusqu'à la manière dont la société contemporaine ne « relance » pas la place du père. Elle est perceptible aussi dans cette tendance qui consiste, à l'opposé, à surresponsabiliser les mères, à les solliciter d'une façon qui pourrait se définir, à y regarder de plus près, comme relevant du harcèlement moral, avec l'injonction de la bonne mère, alors qu'elle continue à être infériorisée comme femme, dans une société à domination masculine.

Cette situation se traduit, de fait, par une sorte de harcèlement en chaîne qui, par ricochet, devient harcèlement de l'enfant, partenaire privilégié du chantage affectif dont il est parfois l'enjeu. Cet enfermement, encouragé par la société dans la relation de monopole et d'exclusivité, est transformé en principe universel de la conception du lien mère-enfant. C'est alors la société contemporaine tout entière qui constitue une sorte de pieuvre génératrice d'incestualité féminine avec cette transformation de la symbolique des liens parentaux qui, en consacrant ainsi le rôle de mère, renforce son exclusivité, pratiquement au détriment de tout autre, et génère l'impératif de la bonne mère. Un grand nombre d'événements et de situations qui accompagnent les prises de place auprès de l'enfant vont dans ce sens aujourd'hui (voir « Annexes des enquêtes et recherches »).

Cette dynamique est impressionnante et peut expliquer de bien des manières un certain nombre de dérapages éducatifs. Mais notre analyse ne saurait s'arrêter là, même s'il faut continuer à argumenter sur cette transformation de la filiation et sur la transformation de la masculinité avec ce qu'on peut appeler la crise de la virilité. Nous verrons que la transformation de la filiation, l'évolution de la masculinité et la crise des modèles de la virilité traditionnelle industrielle sont liées. Ces trois dimensions convergent vers la déresponsabilisation des pères et favorisent, paradoxalement, si l'on considère l'évolution du statut social de la femme, la surresponsabilisation des mères, dans une société qui n'en demeure pas moins, rappelons-le encore, comme l'affirme avec force Pierre Bourdieu, à domination masculine. Il ne s'agit pas pour autant d'ignorer l'impact des luttes féministes, comme nous l'avons fréquemment souligné et comme le rappelle à juste titre Marie Victoire Louis. Ainsi, des failles apparaissent, et l'éloignement du patriarcat, comme l'indique de manière magistrale Manuel Castells, contribue à nos yeux à déplacer et à redessiner les contours des places et des rôles parentaux.

Chapitre III

Décomposition, recomposition des places des pères, des mères, des enfants et des liens entre eux

Pour comprendre comment se prennent aujourd'hui les places parentales auprès des enfants, il est intéressant de tenter de construire une réflexion qui se déploie aux niveaux symbolique, culturel et social, en commençant par situer l'approche sous l'angle historique. En effet, on s'interroge beaucoup sur la place du père, de la mère et de l'enfant, et l'histoire nous permet de rappeler quelques certitudes, car elle désigne les changements et en même temps fait jaillir la prééminence de certains facteurs, dans la mesure où les modèles antérieurs demeurent ancrés dans les mentalités et resurgissent, notamment en période de crise individuelle, de crise familiale, mais aussi de crise des modèles.

Aujourd'hui, on met l'accent sur la désacralisation de la paternité, comme s'il s'agissait d'un phénomène récent, ou alors on la nie purement et simplement. Or elle ne date pas d'hier. Il nous paraît important de démontrer qu'elle est réelle et qu'une nouvelle complexité existe. De même qu'il est fondamental de mettre aussi l'accent, pour d'autres raisons, sur la complexité de la maternité.

On peut diviser l'histoire, approximativement, en trois grands moments :

— la première période est constituée par l'époque dite « traditionnelle », rurale, jusqu'à la Révolution française ;
— la deuxième période représente l'époque industrielle et se décompose en deux, jusqu'en 1955 (qui correspond à la pos-

sibilité de faire la preuve sérologique de la paternité) et depuis les années 1960-1970 (développement du travail salarié féminin, émancipation des mœurs, contraception, avortement, mouvement des femmes et reconnaissance de leurs droits civiques et sociaux...) ;
— la troisième période renvoie à l'époque contemporaine dans la société postmoderne, appelée aussi postindustrielle ou de « communication », ou encore « biologisée ».

Cette division a pour but de nous permettre de rendre compte, à travers ces différentes époques, de la transformation de la place de l'enfant, de la femme, de l'homme et des rapports entre eux, de manière très synthétique, mais révélatrice d'une dynamique à chaque fois bien particulière.

1) Patriarcat rural, filiation sous l'égide religieuse et différences symboliques entre les sexes

À l'époque du patriarcat rural, la filiation dépend du religieux, qui est à la base des institutions, et les comportements imposés à la femme la garantissent.

Cette période (rurale) est caractérisée par le fait que la paternité y est signifiée par référence à la religion qui cimente l'édifice de la société. Le père ne peut être reconnu comme tel que par le mariage religieux. Il est auréolé d'une dimension symbolique par le biais de la religion qui lui confère sa puissance. Il sera d'autant moins mauvais père qu'il se conduit en respectant les principes édictés par la religion, comme le rappelle Didier Lett. Rappelons que la conduite de la femme, qui doit être vierge avant le mariage et dont l'infidélité conjugale est sévèrement sanctionnée, se porte garante de la paternité dont il est impossible de faire la preuve. L'importance de la référence à la filiation dans une société très hiérarchisée transforme les garanties de paternité apportées par le comportement de la femme en règles de conduite dictant et érigeant les pratiques féminines. Les institutions, la société condamnent la femme si elle déroge à cette subordination à la règle. Les contraintes imposées à l'homme à l'égard de la religion s'accompagnent de contraintes spécifiques à l'égard de la femme, dans un lien de dépendance et de subordination à celui-ci. Souvenons-nous que, dans la Genèse, la femme est « sortie de la côte de l'homme ».

La complémentarité biologique interprétée dans le sens de la subordination de la femme à l'homme est sublimée dans l'acte d'engendrement, d'autant plus que la filiation joue un rôle fondamental dans la reproduction de la société. Celle-ci est d'autant plus importante que la survie de la société n'est pas assurée, car elle n'est pas à l'abri de l'extermination à la suite d'une épidémie ou de famine. Ainsi, par ailleurs, la survalorisation du phallus est proportionnelle à l'importance référée à la filiation. Dans le cas de la filiation royale, comme le montre le journal d'Heroard, le pénis de ce jeune enfant, qui n'est autre que le futur roi Louis XIII, est survalorisé. Rappelons, par ailleurs, que les soupçons d'infécondité convergent toujours vers la femme. Elle est sollicitée pour mettre en valeur le panache de l'homme, sa grandeur, avec la reproduction des générations, sous peine d'être pénalisée si elle n'y souscrit pas, ou si elle n'y parvient pas. Si la figure du père est dominante, celui-ci n'est pas pour autant, dans la quotidienneté, mauvais pourvoyeur d'affection. La tendresse, les contacts corporels existent. Peter Laslett, dans *Un monde que nous avons perdu,* rend compte du fait que tout était lié au quotidien, qu'il s'agisse de l'économique, de l'affectif, du culturel...

La notion d'individualité n'existait pas dans une société d'autant plus communautaire qu'elle était précaire. Le père était présent lorsqu'il n'était pas à la guerre et qu'il était vivant.

La spécificité de la place de l'enfant est importante à signaler ; en effet, elle est paradoxale, car elle est à la fois très fragile et très profondément inscrite dans la communauté. Il est élevé pour maintenir la tradition et il reçoit une formation dans ce sens. On lui dispense des soins qu'il est censé rendre plus tard par solidarité intergénérationnelle s'il parvient à maturité, ce qui n'est le cas que d'un enfant sur deux, à cause de la forte mortalité. On lui transmet des codes, des normes, du savoir-faire, on l'initie par le biais de cette place qui lui est faite au sein de la communauté. Il est le témoin vivant de l'ensemble des activités de la vie, dans une société où l'écriture et la lecture sont réservées aux privilégiés. Il est présent à tous les moments et dans toutes les instances de la vie. La société, très intégratrice, est aussi répressive. Le père incarne le droit et peut faire usage de châtiments corporels, entre autres, mais c'est surtout la société qui se charge de punir, ou qui le mandate, comme le rappelle avec force Louis Roussel. Les dangers sont multiples pour l'enfant, qui doit souvent subvenir à ses besoins, et si les risques sont proportionnels à la misère ambiante, il n'en a pas moins une place, un rôle, une fonction, dans la société. L'enfant ne traverse pas de crise existentielle, il est chargé de contribuer à la stabilité de la société et d'être un des membres œuvrant à sa reproduction.

2) Patriarcat industriel et hiérarchisation économique, sociale, culturelle des rôles selon les sexes

Avec le patriarcat industriel, le père est désacralisé mais conserve le monopole de l'autorité du chef de famille, tandis que la mère, infériorisée dans la sphère privée, est rapprochée de l'enfant par le biais des interventions de l'État lorsque le père est jugé déficient.

La seconde période (industrielle) est caractérisée par la diminution de la puissance symbolique du père, après ce que Jean Delumeau appelle l'« âge d'or des pères », c'est-à-dire le moment où les pères concentrent tous les pouvoirs, du XVIIe siècle jusqu'à l'approche de la Révolution française. Le mariage religieux n'est plus obligatoire. Les pères n'ont plus le droit de déshériter et de défavoriser les enfants en fonction du sexe et du rang de naissance. Ils perdent aussi leur pouvoir sur les aînés. En effet, ils avaient auparavant le droit d'intervenir auprès de l'enfant majeur et même de le faire embastiller par le roi s'il refusait le mariage que son père avait prévu. On se rappellera aussi que les filles, pour échapper au choix du père, n'avaient souvent pas d'autres possibilités que d'entrer au couvent.

La période industrielle est aussi intéressante à plus d'un titre. Car, en même temps que s'insinue la diminution de la puissance paternelle, se met en place une autre dynamique. Le pouvoir du père diminue en effet aussi à cause du travail industriel, qui l'éloigne du domicile conjugal. Son rôle, dans une société tournée vers le progrès, la foi dans l'organisation rationnelle du travail, s'infléchit et se centre sur la fonction économique, avec l'apparition de la notion de chef de famille subvenant aux besoins des siens. Celui qui manque à ses devoirs dans ce sens – par exemple en dépensant sa paie au bistrot – est un mauvais père. Geneviève Delaisi de Parseval et Françoise Hurstel évoquent le fait qu'on commence à désigner les carences paternelles. Le père peut être contesté, et, dans le même temps, la femme qui est définie à cette époque-là uniquement comme épouse et mère est rapprochée de l'enfant par l'État, en cas de besoin par des mesures compensatoires. Pourtant, le pouvoir du père, comparativement à celui de la femme, n'en demeure pas moins très fort d'un point de vue institutionnel, juridique, social et culturel. En effet, l'homme s'affirme dans la sphère publique, qui est dans la société industrielle hiérarchiquement définie par sa supériorité à l'égard de la sphère privée. Il n'en demeure pas moins vrai que le lien entre le père et l'enfant peut être distendu là où il est renforcé avec la mère, alors même que la désacralisation du pouvoir paternel est à l'œuvre. Le panache du père est fonction de son rôle et de son statut social. Les valeurs transmises sont celles de la société industrielle qui valorisent la rationalité, le développement des techniques. La sphère privée et la sphère publique se séparent d'autant plus qu'on assiste à la montée du romantisme, du sentiment d'enfance, de l'intimisme familial, c'est-à-dire à la séparation de la sphère de la production et de l'univers de la reproduction – celui de l'entretien des besoins et de la consommation pour vivre. Ce mouvement de séparation transforme le rôle du père et renforce celui de la mère. Pourtant, celle-ci n'existe toujours pas en tant que femme, sujet social, doté de droits civiques et sociaux ; elle est infériorisée et cantonnée aux activités domestiques, qui sont méprisées dans la hiérarchie des valeurs de la société industrielle. Le père transmet à son fils les valeurs de la société industrielle et l'initie. La mère transmet à sa fille son infériorité, son savoir-faire ménager. La naissance de l'école primaire publique obligatoire en 1883, en France, pour les garçons et les filles atténue l'exploitation du travail des enfants dans les usines, déjà interdit en 1841, et transforme les modalités de la transmission familiale, non sans incidences sur le rôle du père et de la mère. On assiste, dans le même temps, à la montée de l'individualité à l'intérieur des familles, dans la mesure où chaque enfant peut se distinguer de l'autre par l'acquisition d'un diplôme. L'importance de la transmission inhérente à la symbolique de la filiation s'atténue, même si, sur le plan culturel, on peut toujours dire que l'élite engendre l'élite. Le père en tant qu'acteur principal de l'inscription dans la filiation, par l'intermédiaire du nom et par la voie du capital économique transmis accumulé par son salaire, garde ses prérogatives, tandis que l'État constitue un nouveau relais éducatif chargé de transmettre les valeurs de la République et que le sens et le contenu de la paternité se sont appauvris par rapport aux privilèges antérieurs. Mais le père n'en représente pas moins pour autant l'autorité et réclame le respect, car il incarne les valeurs nationales, celles de la patrie pour laquelle il est tenu d'exercer son devoir en faisant son service militaire. Il est mandaté par la loi dans ses fonctions paternelles, par comparaison et différence avec la femme, car il incarne le pouvoir économique. Il peut être un héros par sa bravoure militaire, donc susciter encore plus de respect. Mais les rôles dont il est investi ne présument pas de ses qualités dans la sphère privée.

Les personnes que nous avons interviewées, qu'il s'agisse de pères ou de mères nés dans les années 1940-1945, et même ceux qui sont nés un peu avant 1968 (voir le chapitre « Enquêtes et recherches » et ses Annexes), évoquent leurs pères ou les mettent en scène sous la forme d'une absence de présence ou d'une présence souvent dépourvue de communication verbale, ou encore d'expressivité. On évoque le contrôle des notes, des sorties pour les jeunes, mais on sent que les faits et gestes des pères, pour les plus âgés, sont entourés d'un halo de crainte et que ce qui est transmis fait partie des valeurs importantes, par opposition à la mère qui est décrite comme une présence concrète, ordinaire. Sont transmises par elle les valeurs morales – concernant l'hygiène, l'ordre, l'obéissance, le devoir, le respect des supérieurs hiérarchiques... – animées par des valeurs industrielles, mais aussi mutualistes. En effet, 1968 a symbolisé une révolte contre l'ordre moral et les valeurs transmises par plusieurs générations qui ont souffert de la guerre, puis le mouvement des femmes des années 1970 a constitué une lutte contre les valeurs en matière de hiérarchie et de discrimination entre les sexes.

3) Dans la société contemporaine

a) La famille n'est plus centrée sur le père, dans une société qui demeure à domination masculine, mais dont on pressent les failles

La troisième période, contemporaine, est caractérisée par la reconnaissance des droits civiques et sociaux, avec le mouvement des femmes. C'est un véritable tournant, dans la mesure où s'affirme ainsi la reconnaissance collective, à l'échelle de la société, de la femme comme sujet social et non plus exclusivement comme épouse et mère. Les revendications en matière d'égalité professionnelle et la maîtrise de la fécondité confèrent un nouveau statut aux femmes. Elles peuvent, elles aussi, être reconnues comme acteurs subvenant aux besoins de la famille.

Le cadre juridique de la paternité se transforme. En effet, la puissance paternelle est remplacée en France, en 1970, par l'autorité parentale puis, en 1993, par la coparentalité. Entre-temps, depuis 1975, le divorce par consentement mutuel est devenu possible. Ainsi s'insinue progressivement une égalisation des responsabilités entre l'homme et la femme, dans l'exercice de la parentalité. La femme, qui peut construire sa carrière et choisir le moment de faire un enfant et décider le nombre d'enfants qu'elle veut, n'est plus tenue de garantir la filiation par son comportement, avec l'apparition de la preuve sérologique possible de paternité en 1955. Elle n'est plus tenue d'œuvrer à la construction et/ou au maintien de la carrière masculine. L'homme peut être Pygmalion pour la femme, comme le montre bien François de Singly. Les rôles ne sont plus autant institutionnalisés que par le passé. Avec la montée de l'individualité, chacun devient responsable de son choix en matière d'union, et la vie conjugale peut précéder la vie parentale.

Le mouvement des femmes n'a pas entraîné la diminution de la puissance paternelle qui a commencé bien avant, comme nous l'avons vu précédemment. Il a révélé la vacuité de la paternité. En même temps, l'objectif de la famille s'est déplacé de l'intérêt pour le père vers l'intérêt pour l'enfant, comme contribue aussi à le démontrer avec finesse Gérard Neyrand.

En effet, rappelons qu'au XIXe siècle la naissance de la psychanalyse avait représenté une véritable révolution dans la manière de prêter attention à la construction de l'histoire individuelle et d'accorder une importance majeure à la petite enfance. L'individu peut prendre alors conscience du fait qu'il est au centre de son histoire, à laquelle il a accès grâce à la distance que lui procure l'analyse. Il devient alors responsable de son histoire. La place de la mère dans l'élaboration de la psyché enfantine est mise en évidence de multiples manières. Winnicott rend compte de l'importance de la qualité du lien mère-enfant pour l'épanouissement de l'enfant. Celle du père est renvoyée à l'extériorité du lien mère-enfant, par le travail de séparation de la fusion que son amour pour la mère est censé provoquer, ainsi que par le biais du complexe d'Œdipe. Le père n'est pas, à l'origine de la psychanalyse, présenté dans sa proximité avec le petit enfant, ni dans la construction interactive directement avec l'enfant.

Au moment où l'importance du passé vécu dans l'enfance commence à être considérée comme majeure, on se tourne vers la triangulation père-mère-enfant, mais c'est la mère qui est définie par sa présence, par les soins qu'elle dispense et l'attention qu'elle procure. C'est ainsi que le rapprochement mère-enfant se confirme, se renforce, alors que déjà le lien entre la mère et l'enfant avait été renforcé en cas de père jugé défaillant.

b) La paternité peut être sans masque à condition que le lien à l'enfant puisse être maintenu et se développer

La conception du lien père-enfant se transforme d'un point de vue symbolique, avec la transformation de la paternité, dans le sens où la légitimation de cette dernière, par le mariage, qu'il soit religieux ou civil, n'est plus autant nécessaire.

En effet, l'acte individuel de reconnaissance de paternité juridique peut se faire, dans la société postindustrielle, indépendamment du statut conjugal des parents de cet enfant. La paternité fait désormais partie de l'affirmation individuelle. L'enfant, par ailleurs, va être le témoin objectif de cette paternité, dans le sens où ce sera à partir de lui et de la recherche génétique que l'on pourra remonter à ses origines en comparant les résultats avec les gènes paternels. L'importance de la femme s'estompe dans ce contexte, hormis, paradoxalement, dans le cas des accouchements sous X. Mais elle n'en est pas moins libérée des injonctions culturelles et sociales auxquelles la soumettait la symbolique antérieure du sacré par le biais du religieux, puis de la rationalité industrielle. Dans le même temps, elle perd le monopole affectif sur l'enfant, auquel la société l'avait cantonnée. L'homme aussi s'émancipe des contraintes antérieures, mais celles-ci accompagnaient son pouvoir. Un mouvement spécifique s'amorce ainsi, concernant la transformation des privilèges qui accompagnaient le contenu de chacun des deux rôles maternel et paternel. Un renversement s'effectue, en effet, par rapport à la distribution des privilèges et des inégalités antérieures dans une sorte d'impératif de rééquilibrage, accompagné de nouveaux gains et de nouvelles pertes. Ainsi, la paternité, en perdant ses fonctions définies par référence au sacré puis à la rationalité, en se détachant en partie de ses « nourritures » symboliques, culturelles et sociales antérieures, se vide de sa substance et perd de son panache. Mais ce mouvement, du côté des hommes, ne va pas sans implications du côté des femmes. Il est indissociable de cette double dynamique qui l'a engendré, autour des mises en forme spécifiques de la complémentarité entre les sexes, qui est à la base de la conception de la complémentarité entre les rôles. C'est pourquoi il demeure très difficile d'analyser la question des changements de la paternité sans analyser les changements de la maternité.

Avec l' « égalisation » des responsabilités parentales il s'agit de transformer les modalités d'occupation des places parentales à partir de nouvelles bases. On évoque alors la crise de la paternité, la société sans père, face à ces transformations du patriarcat, et on amalgame aussi par ailleurs la crise de l'autorité. Mais cette supposée crise de la paternité révèle la décomposition et une partie de la perte de légitimité des modèles familiaux antérieurs, ce qui suscite des réactions de défense qui ne manquent pas de virulence et de violence symbolique et réelle. Néanmoins, elles révèlent leur défaillance face à de nouvelles définitions de la légitimité, des droits et des devoirs, ce qui renforce l'appel à l'angélisme, au nom du « bien de l'enfant », alors que le souci de l'enfant a souvent bien peu à voir avec cette formule magique qui fascine, précisément parce qu'elle a le pouvoir de nier bon nombre de contradictions et de jouer un rôle de passerelle à l'échelle de l'histoire, masquant les failles et les contradictions. Elle occulte la transformation des rôles qui fait la richesse de la période contemporaine. En effet, cette richesse tient au fait que, justement, la cohérence antérieure se défait. Paradoxalement, plus le rôle, plus la fonction paternelle se craquellent, plus on en appelle au renforcement du rôle antérieur des mères, alors que celles-ci sont déjà surresponsabilisées. Mais elles ont tendance à maintenir leur monopole sur l'enfant, encouragées par l'impératif de la bonne mère et par la société, génératrice d'inégalités et de violences à l'égard des femmes, mais aussi de leur subordination. Or, si les femmes contribuent à « subjectiviser » l'homme en sollicitant de lui une plus grande proximité, depuis l'avènement de la culture du sujet, la place qui revient au père dans ces nouvelles configurations n'est pas évidente. On en appelle alors au renforcement des modèles traditionnels paternels antérieurs, alors que la transformation du rôle de la mère va difficilement sans la transformation du rôle du père. Cette complexité est souvent ignorée, et pourtant elle a tendance à s'accentuer dans les situations de crise qui ne manquent pas d'accompagner l'histoire des familles, étant donné l'allongement de l'espérance de vie, mais aussi dans le cas de situations instables, de précarités sociales, d'autant plus qu'il s'agit de se détacher d'une partie des rôles antérieurs transmis par les générations. C'est une véritable crise existentielle qui rend souvent insupportable, face à la disparition d'une partie du rôle pour soi, le manque d'une partie du rôle de l'autre. On met alors l'accent sur la disparition des attributions antérieures du père et les effets négatifs de la décomposition, d'autant qu'une pluralité de situations émergent, créant une inflation de repères et de modèles, eux aussi déstabilisants. Le choc réactif à la perte des masques du père contemporain ne manque pas de réhabiliter les anciens démons. Pourtant, la réaffirmation de la paternité se fait par le biais de déplacements de la symbolique du sacré, des valeurs de la rationalité industrielle et de la conception hiérarchisée des différences entre les sexes, vers de nouvelles manières – par rapport aux précédentes générations d'hommes – d'être soi avec l'enfant.

c) La petite enfance, la femme sujet et l'enfant défini comme une personne entrent dans la culture de la paternité

Pourtant, l'impératif de la bonne mère se renforce, alors que la fonction maternelle peut être malmenée, en général, mais aussi bafouée par de nouvelles logiques.

Certaines théories psychologiques et psychanalytiques s'obstinent à réaffirmer le rôle du père dans sa dimension purement symbolique de tiers séparateur, alors que rien ne justifie que cette place continue à être occupée par un homme, si ce n'est la reproduction de la domination masculine. Car le rôle de tiers séparateur de la fusion mère-enfant peut être le fait d'un autre, sans qu'il soit nécessaire de désigner le sexe. L'argumentation qui consiste à dire que la présence masculine est souhaitable au nom de l'ouverture et de la diversité que représente la différence est certes importante et porteuse. En même temps, cette ouverture peut engendrer le soupçon tant que l'homme définit sa paternité par les attributions antérieures de son rôle et que la société demeure à domination masculine. Mais si l'on considère que la question de la reproduction des rôles sexués est au cœur de la problématique de la domination, on peut penser que la présence de l'homme pour tenir le rôle de père est un enjeu majeur de la transformation de la domination entre les sexes et fait partie intégrante du débat sur la démocratie en général et sur ce que nous appelons la « démocratie de l'intimité ». La diversité, dans le sens de la différence sexuée, constitue un enrichissement dès l'instant où elle n'est pas synonyme d'infériorisation par la domination et où il existe des garanties dans ce sens sur le plan institutionnel. Dans le même temps, cette dynamique de répartition des places et des rôles implique des pertes de monopole (de la mère sur l'enfant) et la redistribution du partage du pouvoir parental. C'est dans ce sens que la démarche des éducateurs, des psychologues, des psychanalystes et des spécialistes qui élargissent la réflexion et prennent en considération d'autres modes d'intervention du père, de la mère, activent le débat. Avec la redéfinition du père, que nous appelons *le père sans masque,* et la redéfinition de la mère, que nous appelons *la mère soulagée,* en leur donnant corps d'un point de vue symbolique, social et culturel.

Après avoir été longtemps consensuelle, la conception de la place du père est l'objet de nombreux débats depuis plusieurs années. En effet, celle-ci se révèle d'autant plus complexe que les manières d'être ensemble, autour et avec l'enfant se diversifient d'autant plus que l'enfant peut être représenté et donc considéré comme une « personne ». Pourtant, l'univers de la petite enfance et la valorisation du lien à l'enfant, qui peut être davantage « voulu » et fait désormais plus partie de l'univers culturel de la paternité contemporaine, continue à peser très fortement, d'un point de vue social, culturel, symbolique, sur la mère.

Ce constat est flagrant si l'on analyse la centaine d'entretiens que nous avons eus avec des pères et des mères appartenant à diverses catégories sociales et classes d'âges. La ligne de démarcation entre les différents modèles culturels paternels existe et constitue un clivage entre les générations ainsi que dans la manière d'être homme. Pour les mères, c'est la manière d'être femme qui varie surtout d'une génération à l'autre, et donc aussi celle d'être mère. En ce qui concerne les pères, les jeunes générations regrettent l'absence de leur père, le manque d'échanges et d'interactions, et se refusent à n'être sollicités que comme père fouettard ou comme pourvoyeur économique. De même que la manière d'être avec l'enfant renvoie à des polémiques qui révèlent la difficulté ou la volonté de s'écarter des assignations symboliques, sociales, culturelles antérieures, qui accompagnent les rôles parentaux. Des psychologues, des psychanalystes, des pédiatres dénoncent, derrière le « paternage » nouvelle version des jeunes générations, une forme dangereuse de « maternage » pour l'enfant, qui serait de surcroît dévirilisante pour l'homme. On sent comment les représentations font bloc autour des rôles et à quel point les projections idéologiques rendent difficile l'analyse de la réalité. Dans ce sens, le travail de psychanalystes[1], de psychologues cliniciens[2], de psychologues cognitifs[3] (qui font référence à des situations concrètes d'observation des interactions père-enfant et des spécificités de réactions des tout-petits à la présence des pères) contribue à ouvrir le débat et à relativiser et démentir les assertions antérieures qui légitiment et universa-

1. Notamment G. Delaisi de Parseval, M. Tort...
2. F. Hurstel, par exemple.
3. Comme J. Le Camus, Ch. Zaourche..., pour ne citer qu'eux.

lisent les différences de rôles telles qu'elles ont été institutionnalisées entre les hommes et les femmes. La démonstration par des dispositifs audiovisuels révèle la richesse des échanges, entre les tout-petits, qui bénéficient d'une présence masculine, et les pères, qui apprécient l'interaction avec l'enfant.

Les pères que nous avons interviewés manifestent en général de l'intérêt pour le tout-petit et témoignent de leur volonté de prendre une place auprès de l'enfant (présence effective) ou (lorsqu'ils sont séparés) d'entretenir les liens avec l'enfant. Cela se manifeste de différentes manières, qu'il s'agisse de la présence aux échographies, à l'accouchement, ou encore des soins corporels à l'enfant, de la recherche de compréhension de ses besoins..., des liens téléphoniques (voir, dans « Enquêtes et recherches », notre étude sur les liens téléphoniques entre les pères séparés et leurs enfants), du partage de la garde... De la même manière, certains pères peuvent faire du *coaching* avec leurs enfants ou se mettre à l'écoute du développement de leur personnalité et faciliter leur épanouissement en accompagnant leur intégration dans la société... Ils s'expriment dans ce sens, et c'est ce mode d'expression qui est nouveau et qui témoigne d'une nouvelle culture par rapport à la culture masculine traditionnelle, donc aux hommes à l'échelle de l'histoire. Aujourd'hui, on cherche des équivalences entre la culture masculine et la culture féminine, on les compare donc, et c'est aussi profondément nouveau. Mais on ne saurait parler de partage des tâches entre l'homme et la femme, car il s'agit actuellement d'une telle utopie que les études dans ce sens ne peuvent démontrer que ce que l'on connaît déjà, c'est-à-dire une très grande inégalité entre les hommes et les femmes. Ce qui est fondamental, c'est le changement de comportements visible à l'échelle des cohortes masculines, c'est-à-dire d'une génération à l'autre. Ce qui est nouveau, c'est un état d'esprit, une manière d'être qui ne s'appréhende pas par des statistiques et qui ne reçoit pas encore à l'échelle publique et institutionnelle la reconnaissance qui permettrait d'avancer. On en est encore à l'état de balbutiement, de frémissement, comme le souligne Jeanne Fagnani, dans le sens d'une prise de conscience, dont il s'agit d'accélérer le rythme par des incitations, des mesures qui réduisent les écarts entre les hommes et les femmes.

Ainsi, il s'agit de reconnaître, par le biais de mesures juridiques, d'initiatives institutionnelles et de valorisations éthiques et culturelles, le fait que, désormais, la définition de l'enfant comme une personne et de la femme comme sujet social agit sur la culture contemporaine de la paternité, qui se déleste dans le même temps, éventuellement, de ses attributions, mais surtout qui peut faire tomber les masques qui la définissaient antérieurement. L'ensemble des mesures qu'il s'agit de prôner doivent faire en sorte que cette nouvelle culture se diffuse et favorise une meilleure prise de conscience, un changement des représentations et des pratiques, afin que celles-ci deviennent beaucoup plus égalitaires et revalorisent à leur tour, par de nouvelles initiatives et mesures, la fonction maternelle.

Dans la mesure où nous avons montré qu'il existe des conditions propices à la transformation d'un rôle, nous allons montrer que celles-ci s'inscrivent dans un contexte de préoccupation d'affirmation identitaire du masculin.

Chapitre IV

Masculinités

1) Masculinités et presse masculine

Je remercie Yvonne Pozo et Cécile Pannetier pour leur participation à notre groupe de recherche.

a) À la recherche d'une identité individuelle et collective

Lorsque nous avions étudié les transformations du masculin à la suite du changement des femmes, en 1988[1], nous avions identifié, parmi les hommes âgés de moins de 45 ans appartenant aux classes moyennes, trois types d'affirmation que l'on pouvait résumer de la manière suivante. Les hommes qui se réclamaient de la culture féministe, les hommes qui souhaitaient une masculinité plurielle, par opposition à l'affirmation traditionnelle masculine, et les hommes qui s'insurgeaient contre les changements des femmes. Ainsi pouvait-on distinguer les hommes « féminisés », les hommes « en changement » dans le sens du libéralisme avancé, et les hommes « défensifs », nostalgiques des anciens modèles avec, dans cette catégorie, une minorité qui avait adhéré à l'islam.

1. C. Castelain Meunier, *Les hommes aujourd'hui*, Paris, Acropole, 1988.

Notre analyse s'inscrivait dans l'étude réactive à l'affirmation des femmes comme sujet social, c'est-à-dire ayant des droits civiques et sociaux récemment conquis et acquis. Par ailleurs, notre étude incluait les réactions des militants ayant créé des associations.

Rappelons que certains groupes sont originaires des États-Unis – c'est le cas d'ARCADIE, groupe homosexuel. D'autres réfléchissent à la contraception masculine avec la double volonté de « ne pas avoir un enfant dans le dos » et de partager la contraception avec la femme, afin que celle-ci ne soit pas la seule à en porter la responsabilité et les conséquences (ARDECOM). D'autres encore se réunissent et éditent une revue *(Types)*. Ils cherchent à élaborer une réflexion sur la violence, la domination masculine, la sexualité. Ces mouvements s'interrogent sur la masculinité traditionnelle et expriment un certain désarroi face à des comportements qui peuvent leur paraître obsolètes. Leurs préoccupations sont doubles. Il s'agit à la fois de définir les nouveaux contours d'un *nous* collectif et en même temps de trouver une parole singulière. En effet, ces groupes, à l'exclusion des groupes homosexuels, plus contestataires, s'apparentent à des groupes de parole. Leurs préoccupations sont culturelles et identitaires. Elles concernent tout à la fois le *je* et le *nous*. Aujourd'hui, les groupes réactifs aux changements des femmes ont disparu, ainsi que la perspective qui les animait.

Mais la recherche du *nous* collectif et de la parole singulière autour du *je* s'insinue de diverses manières et témoigne d'une nouvelle complexité de la culture masculine.

C'est à ce titre que la nouvelle presse masculine est intéressante à analyser.

b) Identité plastique et autonomie dans le privé

Depuis quelques années, des revues d'inspiration anglo-saxonne mais aussi française se sont développées. Durant une année, nous avons analysé trois mensuels de la presse masculine – *FHM, Men, Men's Health* – dont le tirage s'élève, en moyenne, à 120 000 exemplaires. Ces revues s'adressent aux hommes appartenant plutôt aux classes moyennes aisées, l'âge ciblé est de 33 ans environ, mais le lectorat comporte aussi des hommes plus jeunes et plus âgés. Notre étude a été étayée par des entretiens semi-directifs avec trois rédacteurs en chef de la presse masculine et un responsable du courrier des lecteurs, des interviews semi-directives de cinq lecteurs mais aussi de cinq non-lecteurs appartenant aux classes moyennes et moyennes supérieures.

On est frappé d'emblée par l'importance accordée au corps, qui semble être au centre des préoccupations. En effet, celui-ci devient l'objet de soins, d'attentions particulières. On cherche des vêtements pour être dans le coup, bien dans son corps, savoir se mettre en valeur. On regrette que les vêtements masculins soient souvent plus chers que les vêtements féminins, qu'il y ait moins de choix, moins de couleur, moins de fantaisie... car on s'abrite moins par le vêtement derrière le rôle et la fonction. On recherche aussi une autonomie dans le privé, d'autant plus qu'il y a les moments de solitude liés au retard de l'âge de l'établissement en couple et les ruptures conjugales. On s'intéresse aux recettes, à l'équilibre alimentaire, qu'il s'agisse du petit-déjeuner, des repas seuls ou entre copains. On cherche aussi des loisirs, des sorties en tout genre. La sexualité constitue certes l'un des thèmes majeurs ; d'ailleurs, les photos publiées flirtent avec la pornographie, mais on retrouve aussi l'esprit potache *(FHM),* tendant à la perpétuation d'une certaine immaturité qui a aujourd'hui le mérite d'être exprimée et de ne plus se cacher. Ces revues réservent aussi de grandes colonnes à des conseils pratiques en tout genre, mais aussi à des réponses très sérieuses de psychologues. Et si le ton est résolument léger et humoristique, il exprime aussi le besoin de distanciation par rapport aux petites misères quotidiennes, qui constituent aujourd'hui la nouvelle toile de fond du masculin. Cette nouvelle presse intègre désormais des préoccupations qui concernaient, jusqu'à présent, surtout les femmes. Il s'agit en l'occurrence de la capacité à se prodiguer des soins corporels, à s'habiller et à choisir des vêtements adaptés à son genre, à prendre soin de soi dans la sphère privée domestique, de manière autonome.

Pourtant, le corps devient objet de soins à partir de préoccupations masculines, c'est-à-dire dans un souci de bien-être adapté à soi et non pas par mimétisme à l'égard du féminin. Cette tendance accompagne l'émergence de marques telles que Nickel, dont le concepteur explique, lors d'une conférence sur le marketing au masculin[1], qu'il s'agit de répondre aux besoins

1. Organisée par la revue *Stratégies* en octobre 2001.

des hommes et non pas d'adapter au masculin une marque déjà existante pour le féminin, car les préoccupations des hommes ne sont pas les mêmes que celles des femmes, le produit et l'argumentaire des effets et des qualités non plus.

Il est intéressant de souligner que la recherche d'autonomie des hommes à l'égard des femmes, que nous avions déjà constatée lors de notre enquête auprès des hommes, en 1988[1], qui portait aussi sur le corps et les vêtements, se confirme et s'amplifie. Elle traduit des différences de comportement par rapport aux générations précédentes, dont l'entretien du corps pouvait dépendre de la femme. Mais c'est aussi l'expression du fait que, dans une société de l'image, le corps masculin commence lui aussi à être exposé. L'entretien du corps renvoie désormais à des préoccupations individuelles et à l'estime de soi, par souci d'hygiène, certes, mais aussi par hédonisme. L'entretien de la forme physique confirme cette préoccupation d'affirmation de soi par l'image que l'on renvoie, à soi-même mais aussi aux autres, en même temps que la recherche de bien-être. Les couvertures de certaines revues *(Men's Health, FHM, Men...),* qui affichent des musculatures particulièrement athlétiques et dispensent sur de nombreuses pages des conseils pour entretenir sa forme physique, témoignent de manière caricaturale de la nature de ces attentes. Les rédacteurs en chef que nous avons interviewés ne s'en cachent pas. Il leur semble évident que les hommes « cherchent une réassurance ». C'est aussi, selon nous, la volonté de maintenir une affirmation identitaire qui passe par le corps, mais aussi l'expression d'un souci de reconnaissance de la différence, qui s'exprime désormais massivement par ce biais de l'identité plastique. Dans un contexte culturel marqué par la référence à l'égalité entre les sexes, la plastique se porte garante de la différence. Ce souci de la forme plastique s'est considérablement développé ces dix dernières années. L'enveloppe corporelle est vécue comme outil de la reconnaissance de l'existence individuelle, de la distinction – dans le sens de la prolongation de la différence – entre les sexes, qui peut se rapprocher de la théorie de l'*ego* telle que l'argumente J.-C. Kaufmann, accompagnée d'un souci d'identification au groupe de référence.

1. Castelain Meunier, *op. cit.*

En matière d'habillement, la liberté de mouvement et le mieux-être sont valorisés, et témoignent de la volonté d'affirmation, par-delà le rôle et la fonction, dans la prolongation du dandysme, qui recherchait l'expression de la personnalité plutôt que celle du rang. C'est aussi un témoignage de l'influence de l'homosexualité (thématique volontairement absente des revues masculines telles que *FHM, Men's Health, Men, Maximal...*) sur la mode, qui s'est amplifiée et s'est diffusée depuis une dizaine d'années, c'est-à-dire une trajectoire culturelle et identitaire peu soucieuse de la complémentarité entre les sexes. Les conseils ne manquent pas, dans ces revues, sur la manière de se composer des ensembles vestimentaires au masculin, de combiner les couleurs, les matières, de les adapter à son physique, à son genre...

Les conseils, les articles sont pléthore, répondant aux attentes des lecteurs. Il s'agit d'acquérir un savoir-faire, de ne pas se faire avoir, de se sortir des situations embarrassantes, mais aussi d'apprendre à mieux connaître, mieux évaluer, mieux prendre en considération les attentes des femmes. Il s'agit de savoir dédramatiser, prendre du recul et apprendre à se subjectiver, de multiplier les registres affectifs, émotionnels, de s'émanciper de certains tabous, de savoir se laisser vivre, de savoir se divertir. Ce parcours est encouragé par l'ensemble des revues, et la démarche n'en demeure pas moins difficile, car elle a tendance à s'inscrire à l'inverse des stéréotypes de la virilité.

Chercher des solutions, qu'il s'agisse du bricolage à la maison, des problèmes de santé, de la garde des enfants le week-end, de la préparation d'un plat... Tout peut être passé en revue. Changer sans perdre sa virilité. La recherche de virilité positive correspond aux attentes formulées, aux réponses données. On sort ainsi de l'idée que la virilité se féminise. Il s'agit de ne pas nier le masculin. Pourtant, intégrer les nouvelles hétérogénéités pourrait contribuer à le faire croire, notamment lorsqu'il est question du droit des hommes à être eux aussi « un peu pétasses » *(Men's Health)*. Mais il s'agit bien de revendiquer l'idée suivante : « Laissez-nous être des hommes », tout le problème consistant à y parvenir en ménageant la sensibilité et en tenant compte de la complexité contemporaine, tout en prenant de la distance par rapport à certains stéréotypes. La conciliation est délicate, car contradictoire, entre la reproduction des modèles dominants, reflet de la domination masculine, la virilité négociée (notamment avec les femmes) et le bien-être individuel. Cela se traduit par des tensions et la réaffirmation de modèles machistes qui apparaissent derrière les comportements les plus ordinaires comme la drague, la séduction, la conquête, lorsque les seules préoccupations sont la recherche de performance, la frime ou la compétition. C'est aussi la recherche et le développement de nouveaux comportements dans le privé.

La valorisation du privé, la capacité à savoir s'y débrouiller seul renvoie ainsi à des préoccupations nouvelles. La valorisation du lien à l'enfant peut s'exprimer (même si c'est rare, le thème de la paternité est peu présent). Elle corrobore aussi l'importance accordée à l'affectif, la recherche de câlins avec la copine, l'expression des attentes de douceur, la recherche de nouvelles conversations entre hommes...

Mais il s'agit de refuser la féminisation par mimétisme, notamment en ce qui concerne la discussion avec les femmes ou le partage de la vie commune. L'idée consiste à ne pas se faire avoir en se mettant à parler comme les femmes le voudraient sous prétexte qu'elles n'acceptent pas la différence dans un certain nombre de domaines et qu'elles se mettent parfois en scène comme si elles étaient les mères des hommes.

C'est dans le cadre de ces tensions entre la reproduction des stéréotypes masculins ou la prise de distance par rapport à certains d'entre eux et la recherche d'affirmation du bien-être individuel que se créent les nouvelles masculinités.

c) Sexualité et préoccupations d'affirmation identitaire

Des photos très suggestives de femmes sont pléthore dans ces revues, souvent en couverture, seules *(Maximal...)* ou avec un homme *(FHM)*, représentant la différence par le biais de la mise en forme du féminin via la plastique féminine qui semble solliciter à son tour la masculinité plastique, mais aussi avec de gros clins d'œil lancés à la sexualité, dont il est abondamment question dans l'ensemble de ces revues. Érigée à l'état de norme, la performance sexuelle constitue une préoccupation fondamentale et représente un critère, un moyen et un enjeu d'affirmation identitaire. Mais il est aussi question d'homme averti maîtrisant la connaissance du corps féminin et n'ignorant pas le moindre détail anatomique des parties les plus intimes de la femme, grâce à des articles de plusieurs pages sur le clitoris, le vagin... *(Men),* afin de parvenir à un mieux-être avec la femme qui passe par la recherche d'une meilleure connaissance du plaisir féminin. On pourra trouver là l'expression d'un témoignage de la prise en considération des attentes de la partenaire. Préoccupation qui peut paraître nouvelle, et c'est dans ce sens que nous la signalons, si on la compare à différentes cohortes d'hommes pour qui la communication avec les femmes sur ces thèmes et le souci de l'entente ne semblaient pas fondamentaux et pour qui souvent l'ignorance de ce qui était ressenti par les femmes contribuait à la construction des repères de la culture masculine. Au contraire, il s'agit ici d'allusion au souci de l'interaction, et même si la situation peut faire référence à l'éphémère, c'est l'expression d'une préoccupation nouvelle en comparaison avec les revues qui existaient il y a une quinzaine d'années, telles que *Il, Officiel homme, Lui.* Le point de vue de la femme en tant que partenaire sexuelle compte désormais, même s'il s'agit de faire sa conquête ou de la « larguer » avec des méthodes peu recommandables. Le phénomène est parlant, dans le sens où il s'agit de plaire aux lecteurs, de satisfaire leurs attentes, leur curiosité, en leur communiquant de l'assurance, du savoir-faire dans ce domaine, c'est-à-dire justement là où il peut faire défaut.

2) Masculinités et culture du sujet

a) Émergence d'une culture intimiste

L'étude d'une petite partie du courrier des lecteurs (nous avons eu accès à 81 lettres), adressé à l'une de ces revues[1], permet de découvrir une image assez peu habituelle du masculin. Lorsque l'on dépouille le courrier des lecteurs, composé non seulement de missives écrites par des hommes ayant la trentaine,

1. Nous remercions les auteurs de ces lettres et le rédacteur en chef de cette revue, qui nous a fait confiance.

mais aussi par des adolescents et des seniors, un véritable désarroi s'exprime quant à la manière d'être un homme, qu'il s'agisse du corps, des poils, de la voix (qui mue pour les plus jeunes), de la sexualité et de la capacité à aborder une femme ou encore de la propension à communiquer, à s'exprimer.

On découvre des individus qui se cherchent, qui manquent de confiance en eux, qui prennent la plume pour faire part de leurs difficultés dans l'existence, pour évoquer leur mal-être et dévoiler leurs complexes... Ce courrier reflète des difficultés d'affirmation, des préoccupations identitaires.

On assiste à la montée d'une parole intimiste, par le biais de ces lettres, auxquelles ces revues pourraient faire écho de manière collective et qui tranche avec les discours et le ton habituel, hormis celui des poètes et des artistes. Cette parole s'apparente à une sorte de plainte qui a d'autant plus de mal à être entendue et reconnue que la société n'a pas l'habitude d'appréhender le masculin sous cet angle. Loin de la mépriser, on saluera son émergence, même si celle-ci bouscule les repères, car il paraît important aujourd'hui de l'entendre, de la comprendre, notre seul regret étant qu'elle ne s'exprime pas plus massivement et dans toutes les parties du globe.

Cette parole intime peut sembler d'autant plus dérisoire qu'elle paraît renvoyer à des futilités lorsqu'il est question du masculin, et pourtant elle s'inscrit dans le nouveau contexte que constitue la culture du sujet, dans le sens de la prise en compte de la libre expression de sa sensibilité, de ses émotions. Elle reflète les difficultés d'affirmation qui peuvent exister aussi du côté des hommes, car si l'éventail des possibles s'étend considérablement aujourd'hui, bien au-delà du clivage entre la féminisation ou le machisme ordinaire à travers les stéréotypes traditionnels de la virilité, l'équilibre individuel n'en est pas moins difficile à trouver, comme en témoigne le développement pour les hommes, dans ces revues, des rubriques dispensant des conseils de psychologie. Parmi les thèmes ou les maux les plus redondants nous pouvons d'ores et déjà relever quatre aspects principaux.

Le manque de confiance en soi et les préoccupations concernant l'identité plastique représentent le thème le plus fréquemment abordé. Le physique constitue une source de désagrément, d'insatisfaction et de préoccupation importante, qu'il s'agisse de détails tels que le poids, la corpulence, le ventre, le trop-plein de poitrine ou, au contraire, le manque d'épaisseur, l'absence de muscles abdominaux, la couleur de la peau jugée trop laiteuse, les poils trop nombreux au point de vouloir les raser sur les jambes, la perte des cheveux, leur couleur...

Les plaintes liées au corps sont suffisamment nombreuses pour traduire un malaise identitaire et, en s'inspirant du *Moi-peau* de Didier Anzieu, pour ne pas les tourner en dérision et admettre qu'elles révèlent des tensions, des contradictions, des angoisses, symbolisées par ces échanges difficiles entre l'intérieur du corps et l'extérieur de celui-ci. Ces angoisses convergent d'autant plus vers l'enveloppe corporelle, la plastique, que l'identité plastique devient moyen et mode d'expression de l'affirmation dans la double référence à l'affirmation individuelle masculine et à l'affirmation collective masculine.

Les angoisses identitaires et relationnelles, centrées sur le sexe et la sexualité, sont aussi un thème récurrent. Le sexe est l'objet de nombreuses autodépréciations. Il est jugé trop petit, pas assez large, épousant une trajectoire singulière à la verticale... Les croyances, qui laissaient à penser que la fierté de détenir un phallus déclenchait une cohorte de certitudes et de réflexes incitant surtout à la compétition, à l'agressivité, sont ainsi bousculées. Par ailleurs, comme en témoigne le courrier, il peut être objet et sujet de honte. La thématique sexuelle constitue un leitmotiv, c'est un sujet de préoccupation permanent, et ce sous les formes les plus diverses. Elle peut traduire le malaise inhérent à l'équilibre identitaire dans le sens des difficultés de réajustement avec le sexe opposé, qui se traduit dans sa dimension la plus intime par le biais de la sexualité, là où l'approche de l'autre peut se révéler problématique. On peut ainsi s'interroger sur les croyances établies, selon lesquelles l'assurance masculine dans de nombreux domaines doit constituer un corollaire ou être synonyme de la culture de la virilité. Chaque étape de la relation peut être problématique, qu'il s'agisse d'oser aborder une personne, d'entrer en relation, d'entamer les préliminaires, de faire l'amour... Des situations les plus simples aux plus complexes, tout peut s'avérer complexe et sujet d'angoisse : peur de mal embrasser, difficultés de compréhension du comportement des jeunes filles (pour les adolescents) ou des femmes, problèmes d'éjaculation précoce, peur d'une panne sexuelle, refus de relation qu'il faut savoir encaisser, difficulté à avoir des rapports continus...

Le souci de référence à la norme et la peur de ne pas être comme les autres sont fréquemment abordés. Le souci de la normalité est manifeste, qu'il s'agisse de peccadilles comme de savoir si c'est bien de dormir tout nu, ou de peurs plus profondes, comme de se demander s'il est normal d'avoir des fantasmes homosexuels et ce que cela signifie, d'avoir envie de relations adultérines ou de tromper sa copine...

L'expression du mal-être et les déprimes représentent le quatrième grand thème. Ce mal-être s'exprime sous forme de dépression avouée – « Je me sens déprimé » –, à cause de la difficulté à prendre son autonomie par rapport aux parents, pour les jeunes ; à la suite d'une rupture sentimentale, d'un divorce, pour un père qui a du mal à obtenir la garde de ses enfants ou, encore, qui assume difficilement ses jours de garde...

b) Subjectivité et nouvelle complexité de la culture masculine

Ainsi se dessine une nouvelle complexité culturelle qui concerne le masculin, conséquence de la perte de légitimité d'anciens modèles, comme on a pu le voir pour la paternité, quand certains masques tombent et que la subjectivité et la culture du sujet peuvent gagner du terrain.

Se débarrasser du malaise qui peut exister dans une société où l'émancipation féminine paraît motrice alors que la société est toujours sous la domination masculine et s'appuie sur des modèles traditionnels constitue un aspect non négligeable de la culture ambiante actuelle. Les modèles traditionnels apparaissent trop « coûteux » car ils demandent un sacrifice de soi, alors qu'il s'agit désormais de s'affirmer en tant que sujet. L'attente de mieux-être s'exprime sous différentes formes, qu'il s'agisse de recherche d'informations, de conseils, de mode d'emploi.

Tout se passe comme si s'effectuait volontairement un glissement dans la hiérarchie des priorités qui sont alors réaménagées, bousculant les priorités antérieures. Les nouvelles revues ne parlent pas ou peu de travail, de rôle, de fonction, de carrière, de politique, sauf quand il est question d'affronter des situations ou sous la forme d'histoires de vie... L'aspiration à ne pas sacrifier sa vie personnelle, sentimentale, son plaisir, à sa vie professionnelle – déjà évoquée en 1988 dans notre étude sur les modèles culturels d'affirmation du masculin – à la suite du changement des femmes, existe bien. De plus, une culture parallèle s'insinue ainsi progressivement autour de nouveaux « petits riens » qui prennent une importance nouvelle avec ce passage de la « société obligée » à la « société des individus », pour reprendre les concepts de Norbert Elias. Le rédacteur en chef de la revue *Men's Health* revendique le droit aux futilités pour les hommes, une autre manière de dire que ce qui était jusqu'à présent défini comme des futilités est de fait plus important qu'on ne le pense. C'est l'allusion faite à une interrogation sur la hiérarchie antérieure des valeurs. Tout se passe comme si certains des masques qui accompagnaient l'affirmation de la virilité pouvaient commencer à être levés, puisque les attentes d'affirmation et les moyens pour y parvenir se trouvent aujourd'hui en décalage avec les modèles et les rôles antérieurs, et puisque le sens donné à certaines valeurs qui les accompagnaient a perdu une partie de sa légitimité.

c) Pluralité culturelle, interventions de psychologues et thématiques de la vie quotidienne

Par ailleurs, il s'agit dans ces revues de communiquer aux lecteurs les moyens de savoir se sortir de toutes les situations en respectant, si possible, leur personnalité *(FHM)*.

L'intervention de spécialistes de la psyché traduit une nouvelle dynamique révélatrice des caractéristiques de la culture masculine contemporaine. En effet, jusqu'à présent, les conseils psychologiques faisaient exclusivement partie de la culture féminine. Ces attentes de conseils et ces apports psychologiques reflètent un état d'esprit qu'il est intéressant de souligner, d'autant plus qu'il se combine à d'autres aspects non moins révélateurs. Il s'agit de la disparition de la référence exclusive à des thèmes et à des registres de vie qui autrefois caractérisaient spécifiquement l'homme, sous l'angle du devoir et des rôles imposés, à savoir le travail, le revenu, le statut social, le déroulement de la carrière, le pouvoir et les stratégies qui l'accompagnent, le mariage, la fondation d'une famille. Ces thèmes, rappelons-le, sont absents ou mineurs dans ces revues, en tant que tels. Or leur absence ou la minimisation de leur importance revêt une signification qui n'est pas dépourvue d'incidence. En effet, tout se passe comme si s'effectuait une mise à distance et une prise de distance à l'égard de modes d'affirmation jugés autrefois majeurs, comme si les pôles d'intérêt s'élargissaient. Certes, il ne s'agit pas de prétendre que les thèmes que nous venons d'évoquer disparaissent des préoccupations masculines, loin de là ; il s'agit d'admettre qu'ils ne sont plus exclusifs ou qu'ils ne se présentent plus de la même manière et que des déplacements existent, atténuant la dimension monolithique de la culture masculine héritée des modèles traditionnels, des modèles industriels, que nous avons déjà mentionnés précédemment. Certes, il en résulte une certaine confusion, un certain malaise qui traduit la complexité ambiante, dû au fait que les modèles d'identification du masculin sont composés de registres divers et variés, qui incluent plus d'une contradiction. On sent bien qu'une dynamique culturelle est à l'œuvre, résultant de la combinaison de plusieurs facteurs. Il s'agit de la perte de légitimité de certains modèles combinée à la levée de certaines contraintes qui empêchaient la subjectivité, dans le cadre de la valorisation de la culture du sujet et du détachement à l'égard de normes et de repères collectifs antérieurs.

Les revues que nous venons d'évoquer, bien qu'elles paraissent de prime abord très machistes, surtout par les photos, le ton, les rubriques qui vont dans le sens de la culture de la performance, voire de l'instrumentalité, ont cependant attiré notre attention, par-delà un phénomène de mode. En effet, si elles ne se préoccupent pas de s'interroger sur la domination masculine – et les trois rédacteurs en chef que nous avons interwieviés *(FHM, Men's Health, Men)* en conviennent –, elles contribuent à renouveler la culture masculine en introduisant des opportunités de distanciation par rapport à des modèles d'affirmation qui perdent sens et légitimité, dans la conjoncture ambiante, et qui peuvent se révéler aliénants pour les hommes. Ces revues proposent aussi des modèles d'identification plus adaptés à la société contemporaine (en même temps qu'elles s'inscrivent de manière spécifique et pouvant sembler limitée ou controversable à ceux et à celles qui chercheraient dans cette presse une contestation de la phallocratie), par l'adhésion à des stéréotypes réactualisés et amplifiés avec la masculinité plastique, le souci de la forme, de la performance sexuelle, l'art de la conquête. Elles véhiculent ainsi les modèles dominants et les stéréotypes qui les accompagnent, contribuant dans ce sens à l'entretien et à la reproduction de la culture masculine largement répandue dans le sens d'une domination masculine. Mais elles introduisent en même temps des failles dans la reproduction des anciens modèles et un nouveau désordre au-delà de l'ordre apparent dans la cohérence des modèles d'affirmation du masculin, et permettent l'expression et la canalisation d'un malaise, voire, parfois, d'une détresse masculine. Celle-ci s'insinue à partir d'une plus grande opportunité d'expression de la sensibilité et des émotions – même si c'est encore à l'état naissant – qui a à voir avec la recherche d'affirmation par la subjectivité et qui coïncide, en ce sens, avec l'émergence d'une nouvelle littérature contemporaine masculine.

Certes, si les modèles traditionnels d'affirmation de la virilité sont en crise non pas au nom de la lutte contre la domination masculine, mais à la suite de la perte de légitimité de certains d'entre eux avec l'émancipation féminine et les changements de société, ce n'est pas pour autant que ces modèles disparaissent. Ils n'en demeurent pas moins des valeurs refuges qui reprennent force et vigueur d'autant plus que les repères d'affirmation de la différence flottent et provoquent la nostalgie des valeurs passées. On peut aussi considérer que l'on assiste au renforcement de la phallocratie dans le même temps. En effet, celle-ci peut être désormais choisie, de même qu'elle peut aussi être rejetée, en fonction des attentes et des aspirations, dans le sens de modèle culturel auquel on adhère ou pas, car les modèles traditionnels et industriels d'affirmation du masculin perdent leur exclusivité et sont concurrencés par d'autres modèles.

En effet, on sort du modèle unique d'affirmation du masculin, hérité de la société traditionnelle rurale, qui symbolisait, à l'exclusion d'autres modèles, la séparation entre les sexes autour du découplage entre la spiritualité et l'organique. L'homme incarnait, par le biais de différentes figures emblématiques, le panache et la grandeur... ; la femme, l'obscurantisme, le corporel, la chair... Cela ne signifie pas que cette perspective disparaisse, mais elle est concurrencée par d'autres possibilités, et l'homme se représente lui aussi, nous l'avons vu, comme un être de chair, soucieux de sa plastique..., qui commence aussi à être transformé en objet, avec notamment des publicités qui se mettent à le dénuder, voire à étaler son sexe nu sur des affiches. C'est dire que son sexe peut être aussi transformé en objet, en signe, en image, être désacralisé, alors qu'auparavant la référence à la symbolique de la procréation, de la filiation l'interdisait.

On s'éloigne aussi des modèles d'affirmation identitaire de la société industrielle, qui cantonnaient la femme à la sphère privée, à l'univers de la reproduction, à l'exclusion de toute autre forme de reconnaissance sociale, en dehors de son statut de mère et d'épouse, œuvrant par ce biais à l'ascension sociale de son mari, dans la sphère publique. On s'éloigne du monolithisme antérieur qui symbolisait la supériorité masculine avec les fonctions et responsabilités économiques et sociales imposées au chef de famille, autour de la foi dans le progrès et de l'assujettissement à la rationalité. Le pouvoir masculin est toujours associé à cette culture qui se développe aussi pour les femmes, mais on commence à sentir un souci de subjectivité qui se traduit par un élargissement de la recherche d'expression vers d'autres sphères.

En effet, la nouvelle conjoncture ne met plus autant en avant les différences entre les hommes et les femmes en référence au clivage autour de la production et de la reproduction, depuis que la femme peut exister comme sujet ayant des droits civiques et sociaux et que l'on peut avoir recours à l'IAD (insémination artificielle par donneur). Par contre, le choix du mode d'affirmation et de l'adhésion ou non à des modèles culturels se renforce.

Les places de l'homme et de la femme sont désormais moins institutionnalisées. Les assignations socioculturelles de la différence deviennent inadaptées à la dynamique engendrée par la société contemporaine, même si les inégalités et la domination perdurent. L'affirmation de soi, la valorisation de la communication, la société de l'image, le souci du corps et de l'apparence, mais aussi la recherche du bien-être bousculent les anciens clivages et les modèles d'identification antérieurs.

La culture du sujet accompagne l'identification masculine contemporaine dans un sens contemporain. Cela constitue un phénomène nouveau, un début de révolution au quotidien. L'homme n'est plus tenu de réprimer ses affects, sa sensibilité, ses émotions, au nom du courage, du sacrifice de sa vie qu'il dédie à la nation. Désormais, les rôles se négocient davantage entre l'homme et la femme, qu'il s'agisse de la sphère privée ou, même si c'est un peu moins vrai, de la sphère publique. Pourtant, si la femme sollicite l'homme dans sa subjectivité, les hommes cherchent aussi à retrouver leur espace, leur visibilité, leur forme d'expression. En effet, il est peu question, dans ces revues, de préoccupations liées à la complémentarité entre les hommes et les femmes.

Les hommes semblent chercher leurs marques, faites d'un mélange de genres, et la culture masculine se complexifie avec la culture du sujet, en se débarrassant délibérément de quelques masques ou, au contraire, en choisissant de s'abriter derrière certains. Il s'agit plus de l'expression d'un positionnement, d'une adhésion à différents types de cultures, de modèles. C'est dans ce sens que ceux qui feuillettent les revues les commentent, avec plaisir, avec rejet ou dans l'indifférence.

Chapitre V

Enquêtes et recherches

Nous estimons devoir rendre compte ici de certaines de nos enquêtes et recherches de terrain qui ont accompagné et validé notre réflexion. Il s'agit souvent d'interviews séparées d'hommes et de femmes. Nous ne reviendrons pas en détail sur nos recherches sur le terrain ; pour plus de précisions sur les populations interviewées, cependant, nous renvoyons aux « Annexes » qui se trouvent en fin d'ouvrage. Pour l'étude des liens téléphoniques entre les pères séparés et leurs enfants, nous faisons référence à l'ensemble de notre travail de manière détaillée.

Ainsi, des analyses qualitatives approfondies ont été réalisées :

1) Auprès des classes moyennes

Rappelons que c'est à la suite de l'étude du mouvement des femmes que nous avons commencé à mener nos enquêtes auprès des groupes d'hommes et que nous nous sommes intéressée beaucoup plus spécifiquement à la question de la paternité. Notre surprise fut grande, en effet, de réaliser à quel point celle-ci faisait partie des préoccupations masculines sous les aspects de questionnement identitaire, de construction de rôle, de défense du lien paternel.

Lors des réunions organisées pour notre recherche, les hommes appartenant à des groupes revendicatifs ou de réflexion sur la condition masculine établissaient un lien direct entre l'identité masculine, les effets de l'émancipation féminine et la paternité. En interrogeant l'une (l'identité), ils interrogeaient l'autre (la paternité) et soulevaient le problème de la fragilisation du lien paternel. Ils établissaient des relations de cause à effet entre la montée de l'autonomie féminine, l'affirmation sociale des femmes et la transformation de la paternité. Ils l'évoquaient à partir du flou des modèles et de la souffrance inhérente à la difficulté ou à l'empêchement de maintenir le lien paternel, à la suite de la rupture du lien conjugal avec la femme.

Nous avons alors constitué un groupe de réflexion sur la famille, composé d'hommes et de femmes appartenant aux classes moyennes et vivant des situations familiales différentes (concubinage, mariage, divorce, monoparentalité, seconde union, homosexualité[1]), afin de permettre de mieux identifier les interférences existant entre la famille contemporaine et le lien paternel. S'exprimait alors une inquiétude majeure du côté des hommes concernant la durabilité du lien familial, plus particulièrement celle du lien paternel. Ce questionnement rejoignait le sentiment exprimé dans les groupes d'hommes autour de la fragilité du lien paternel, à partir de la rupture du lien conjugal.

Existait aussi un clivage entre les hommes, et avec les femmes, autour de la représentation de la différence entre les sexes. La tendance à la négation de la différence caractérisait les hommes qui se situaient dans la continuité du mouvement des femmes. Hommes et femmes se définissaient d'après eux à l'identique, hormis dans le domaine de la sexualité ou de la procréation. Les hommes qui défendaient cette affirmation en s'appuyant sur leurs pratiques se percevaient aussi aptes que les femmes à s'occuper des enfants. Cette argumentation dénonçait notamment la dimension ségrégative des procédures juridiques qui confient l'enfant à la mère en cas de rupture du couple. Cette argumentation était maintenue face à des psychologues et des psychanalystes qui défendaient la nécessité de la différenciation des rôles entre la mère et le père pour la structuration de la personnalité de l'enfant. Aux yeux de ces hommes, la rupture et

1. Cf. Annexe 2, p. 161.

le conflit étaient jugés préjudiciables à l'équilibre de ce dernier lorsqu'ils aboutissaient à l'empêchement de la relation entre le père et l'enfant.

Il nous est alors apparu nécessaire de réaliser des entretiens approfondis auprès de pères appartenant aux jeunes générations et issus des classes moyennes[1], en formulant l'hypothèse des changements culturels de la paternité. Nous faisions aussi l'hypothèse que la paternité s'inscrit aujourd'hui au cœur des interactions entre l'homme et la femme, qui se distancient des rôles institués. La paternité s'inscrit dans le cadre du décalage entre les hommes et les femmes et de la nécessité d'un réajustement entre eux. Nous nous interrogions sur le fait de savoir si l'on pouvait faire référence à des changements profonds.

Nous avons également réalisé des entretiens approfondis auprès des femmes, que nous avons interviewées séparément sur la manière dont elles percevaient la répartition du rôle parental avec l'homme[2].

Les hommes décrivaient la paternité comme un passage à la maturité accompagné de nouvelles responsabilités économiques, morales et relationnelles, prenant sens autour d'une nouvelle manière de se projeter eux-mêmes dans l'avenir.

Mais ces pères évoquaient leur paternité en ayant le sentiment d'« innover » par rapport aux générations précédentes, notamment par rapport à leur propre père. Ils faisaient état de pratiques spécifiques reflétant la diversité de leurs interventions (activités ménagères, soins corporels aux enfants, échanges affectifs, jeux, activités cognitives...). Avoir choisi de faire un enfant était vécu comme un choix conjoint et constituait une argumentation qui corroborait leur sentiment d'engagement, de responsabilité.

Cette implication était aussi évoquée autour du suivi de la grossesse de la femme, de la participation à l'accouchement. Ils relataient leur expérience en témoin actif, accompagnateur des changements vécus par la femme. Ils le faisaient à partir du récit de leur expérience et de leur pratique paternelle, qui les conduisaient à se questionner sur la nature de leur rôle, de leur place,

1. Cf. Annexe 3, p. 162.

2. C. Castelain Meunier, *Cramponnez-vous les pères ! Les hommes face à leur femme et à leurs enfants,* Paris, Albin Michel, 1992, 217 p.

de leur fonction. Ils s'interrogeaient sur ce qui relevait de leur pratique ou pas (par exemple, se lever la nuit pour aller chercher l'enfant afin que la femme l'allaite...). Les récits des pratiques s'inscrivaient autour d'un questionnement qui se situait au cœur de l'intimité et du quotidien domestique, mais aussi autour de la conception de leur mode de vie en général. Ils se situaient, dans ce sens, dans le même champ culturel et social que les femmes.

Ils rendaient compte de l'élaboration des repères accompagnant leurs pratiques dans l'interaction avec la femme et l'enfant, mais aussi de leurs interrogations, de leurs inquiétudes. Jusqu'où pouvaient-ils envisager de partager les sensations et les émotions de leur femme, de soulager leurs angoisses ? Jusqu'où s'immiscer dans le duo mère-enfant ?

Parler de leur pratique, avec des amis vivant l'expérience de la paternité, constituait une alternative et équivalait à la recherche de repères par identification à un groupe de référence masculin. La fierté et la satisfaction de la responsabilité assumée dans l'autonomie par rapport à la femme au sein de l'espace domestique, en son absence, étaient fortement exprimées. « C'est moi qui lève mon fils, lui prépare son petit déjeuner, le baigne, l'accompagne à l'école. C'est un moment très agréable. Ma femme part travailler avant moi le matin, mais c'est elle qui va le chercher le soir... »[1]

Cela constitue la deuxième face de la paternité : la paternité dans l'autonomie, la première étant la paternité dans la complémentarité, l'interaction directe autour de la négociation du partage des tâches, des rôles. La construction du lien affectif avec l'enfant dès son plus jeune âge apparaissait comme un enjeu significatif de la paternité contemporaine, une garantie à l'exercice de la paternité.

L'analyse des interviews des mères mettait en évidence les décalages entre elles et les pères quant au sens qu'elles donnaient à l'implication de ces hommes. Les femmes percevaient la participation masculine comme un témoignage affectif qui leur était destiné et les valorisait, mais il s'agissait aussi pour elles de la volonté de transmettre à leurs enfants un modèle plus égalitaire entre l'homme et la femme que celui véhiculé par leurs

1. Ainsi s'exprime un éducateur formateur de 30 ans.

parents et les générations précédentes. Elles reprochaient par ailleurs à l'homme de ne pas faire preuve d'autorité auprès des enfants. Ce reproche était général. Il corroborait les paroles masculines qui ne faisaient pas référence à la préoccupation de l'autorité.

L'importance du lien affectif à l'enfant et le partage des rôles caractérisaient, aux yeux des pères, la paternité contemporaine. Cette caractéristique de la paternité s'inscrit au cœur du domestique auquel les pères ont le sentiment de participer, alors qu'il existe une perception très différente de leur participation selon qu'elle est mise en scène par l'homme ou par la femme. La femme se définit comme chef d'orchestre au foyer. Elle mobilise son énergie, son intelligence, sa sensibilité dans ce sens, continuant ainsi la double journée (travail salarié, travail domestique) autour du souci de l'organisation domestique et de la préoccupation des enfants. L'homme, en « aidant », témoigne pour elle de sa bonne volonté. Il se met à la disposition de la femme et de l'enfant lorsqu'il est présent et disponible. C'est dans ce sens que les femmes perçoivent l'implication masculine au foyer et son investissement affectif à l'enfant. Il ne s'agit pas d'un véritable partage. Les discours des hommes et des femmes témoignent de ce profond décalage qui rappelle l'épaisseur historique des différences culturelles entre les sexes. Pourtant, les récits convergent autour de la valorisation des relations directes à l'enfant. La paternité relationnelle est valorisée et contraste de fait avec la paternité qui mettait l'homme à distance de l'enfant et de son quotidien. Notre étude confirme cet état de fait, les hommes se mettent en scène dans une relation « de proximité » à l'enfant.

Cependant, ces relations s'inscrivent dans le cadre d'une organisation quotidienne impulsée par la femme et qu'elle contrôle dans son ensemble. Tout se passe comme si l'homme s'appuyait sur les initiatives féminines et les attentes et réactions de l'enfant pour « être » dans sa paternité. Le père contemporain intervient dans un espace traditionnellement contrôlé par la femme ; il est alors très dépendant d'elle et ne se soucie pas des garanties lui permettant de « défendre », en cas de conflit, l'exercice de sa paternité.

Le souci exprimé par le père de maintenir les relations avec l'enfant en cas de séparation conjugale s'exprimait fortement, sans toutefois se concrétiser systématiquement, ce qui ne manquera pas de nous faire réfléchir à l'origine et la nature de ces empêchements (au-delà des procédures judiciaires), sur lesquels nous reviendrons. Nous nous interrogerons sur la manière dont les hommes perçoivent leur place et leur rôle de père et sur la manière dont les femmes conçoivent de leur faire une place, c'est-à-dire en situant la problématique de la paternité au cœur des interactions et des conflits identitaires et relationnels entre l'homme, la femme, l'enfant.

Entretenir le lien paternel, malgré les ruptures, conduisait des pères à prendre des initiatives, à innover pour surmonter les obstacles et les difficultés. Ainsi cet éducateur spécialisé, père de deux enfants issus d'une première union. Il s'achètera une caravane (logement plus économique servant aussi pour les vacances) qui restera en permanence devant le HLM des enfants afin de les voir souvent, malgré la distance qui les sépare (plusieurs centaines de kilomètres). Il entreprendra des démarches qui aboutiront à un aménagement de son temps de travail et de ses horaires diurnes et nocturnes, lui permettant de disposer d'une plus grande disponibilité pour se rendre sur place plus fréquemment, étant donné le jeune âge de ses enfants. Pourtant, si les ruptures peuvent permettre la construction d'une paternité plus autonome, elles débouchent souvent sur des blessures narcissiques profondes et la perte de repères identitaires, qui rendent difficile le maintien serein du lien paternel.

La construction d'une paternité plus autonome est liée à la maturation individuelle de la personnalité, mais aussi à l'accès laissé au père par la mère dans la relation à l'enfant, c'est-à-dire comme fruit de la maturation psychologique de la mère. La question se pose alors de savoir dans quelle mesure la condition faite aux femmes permet la maturation de la femme et de la mère en même temps. Comment et autour de quels enjeux ? Par ailleurs, on est en droit de se demander si le maintien des inégalités entre l'homme et la femme ne constitue pas un obstacle et un frein significatif à l'exercice de la paternité, les femmes concédant d'autant moins l'accès du père à l'enfant qu'elles peuvent éprouver des rancœurs à l'égard de l'homme qui, par ailleurs, peut toujours être défini, par rapport à la femme, en situation de domination et doté de privilèges.

L'exercice de la paternité contemporaine renvoie à la capacité et à la manière différente de s'affirmer comme acteur autonome et interactif.

Tout se passe alors au cœur du nouvel espace succédant au mouvement des femmes, fait de recherche de complémentarité mais aussi de conflictualité profonde ayant du mal à être identifiée et verbalisée.

Avant de rendre compte des étapes ultérieures de notre travail, nous avons jugé bon de revenir sur notre travail antérieur. Le groupe d'hommes que nous avons constitué à la suite du mouvement des femmes faisait apparaître la thématique de la paternité comme une nouvelle problématique, autour de la fragilité du lien paternel, à l'issue des transformations familiales. Les conduites féminines tendant à l'éviction du père étaient réintégrées et attribuées à la disparition de la famille traditionnelle. Pourtant, le mouvement des femmes était approuvé dans son ensemble, hormis dans ses formes extrêmes. La volonté de mainmise de la femme sur l'enfant était contestée et assimilée, amalgamée au féminisme extrémiste, l'homme était présenté comme victime de ce féminisme et en état de souffrance. S'exprimait un fort désir de paternité de la part d'homosexuels vivant en couple. Mais, en général, ceux qui vivaient avec des femmes mettaient l'accent sur la nécessité de négocier, dans le cadre de la distribution des rôles parentaux à l'intérieur de la famille. Ces hommes s'interrogeaient sur la transformation des modèles culturels masculins à la suite du changement des femmes et de la société contemporaine, jugée plus libérale que la précédente (celle qui accompagnait l'histoire de leurs pères), mais engendrant aussi du flou dans les repères. Les impératifs de rentabilité, l'obligation de performance professionnelle en vue d'assurer ses responsabilités familiales se heurtaient à la recherche d'une plus grande disponibilité familiale.

Il semblait donc nécessaire de mieux cerner la réalité de la paternité contemporaine et d'interviewer des pères appartenant aux classes moyennes afin de saisir s'il était possible d'identifier des conduites nouvelles parmi les pères de jeunes enfants. Apparaissaient alors des pratiques nouvelles de paternité autour de la toute petite enfance. Celles-ci mettaient en évidence la référence à des représentations traditionnelles en matière de sentiment de responsabilité, de représentation du rôle paternel, passant par la responsabilité économique, mais aussi par des représentations nouvelles renvoyant à une paternité impliquée, de proximité à l'enfant, valorisant la relation à l'enfant. Se posait également la question de la répartition des rôles, du cadrage de chacun à la suite du déplacement des repères accompagnant l'affirmation identitaire. Se posait la question de l'autonomie et des frontières de rôles de l'exercice de la paternité, en l'absence de la femme du foyer, et du nouvel enjeu que cela représentait pour l'homme. La paternité s'inscrivait dans une dynamique décrite par les personnes interviewées comme plus proche du relationnel, de l'interaction avec la femme, plutôt que dans la répétition de rôles traditionnels. La paternité apparaissait comme relevant de l'ordre de l'expression des acteurs.

C'est ainsi, rappelons-le, que nous avons interrogé des couples afin de comprendre le regard que chacun portait sur soi et sur l'autre. En interviewant des hommes et des femmes appartenant aux classes moyennes, nous pensions que les hommes seraient critiques à l'égard des conduites féminines et des exigences que les femmes posent à leur participation, et que les femmes seraient critiques sur la manière de participer des hommes en leur reprochant leur insuffisance. Nous avons été étonnée d'entendre des hommes qui témoignaient d'une certaine souplesse quant à l'idée de leur rôle. Ils mettaient l'accent sur la satisfaction ressentie à la suite de la découverte de l'aventure de la naissance, de la prime enfance, et sur les horizons que cette nouvelle aventure leur ouvrait en termes d'accès à leurs propres perceptions. L'autorité, dont ils étaient peu soucieux, ne semblait pas faire partie de leurs préoccupations. En revanche, leurs interrogations portaient sur la manière d'accompagner les stades de maturation de l'enfant. Toutes ces données renvoient à un échantillon bien spécifique, c'est-à-dire des pères ayant des enfants en bas âge.

Du côté des femmes, il était surprenant de réaliser que celles-ci intégraient les conduites masculines ouvertes à l'égard de la petite enfance comme témoignage d'amour et d'affection à leur égard. Ce qui les conduisait à négocier avec l'homme (y compris pour partager un mode de vie intégrant les aspirations masculines).

Les rôles apparaissent ainsi comme l'expression d'une répartition négociée plus que d'une répétition de rôles transmis. Les hommes exprimaient la satisfaction inhérente à des pratiques innovantes par rapport à la génération de leurs pères. Les deux partenaires étaient soucieux de la satisfaction conjugale respective et réciproque. Le conjugal apparaissait comme une sorte de garant de la construction et de l'exercice du parental. Ainsi, la construction des rôles se faisait à partir de la dynamique d'affirmation des acteurs au sein du conjugal.

2) Auprès des milieux populaires

Nous avons alors jugé nécessaire d'interviewer des hommes appartenant aux classes populaires[1]. Il s'agissait d'un groupe d'hommes en stage de formation au métier de surveillant de prison, originaires de différentes régions de France et ayant, pour certains, déjà exercé un métier. La première caractéristique commune était leur absence de diplôme (même si le niveau d'étude des surveillants de prison augmente) et leur volonté de trouver un emploi stable dans l'administration, la seconde était d'avoir réussi le concours leur permettant de devenir surveillant de prison.

Seuls les hommes ont été interviewés (non leur conjointe). Il était frappant de constater à quel point tous se situaient dans la recherche d'une paternité relationnelle, de proximité, les mettant en scène de manière « impliquée ». La référence à l'autorité semblait une préoccupation moins secondaire que pour les classes moyennes, mais elle ne faisait toujours pas partie des priorités. En revanche, il n'était pas rare que ces hommes rapportent les propos de leur conjointe leur reprochant de ne pas faire suffisamment preuve d'autorité.

Plusieurs d'entre eux exerçaient leur paternité dans le cadre de familles recomposées, vivant avec une femme qui avait déjà un enfant d'une première union. Se posait alors la question de l'affirmation de leur rôle par rapport au père de l'enfant et par rapport à cet enfant. Leur relation avec le père de l'enfant était soit conflictuelle (car le père était jugé irresponsable, n'assumant

1. Cf. Annexe 4, p. 164.

pas ses devoirs économiques et moraux à l'égard de l'enfant), soit conviviale. Il était par ailleurs frappant de constater que leurs exigences en matière de réussite scolaire étaient plus fortes à l'égard de leur(s) propre(s) enfant(s) qu'à l'égard des autres. De même, ils se montraient et se disaient plus autoritaires avec leur enfant qu'avec celui ou ceux de leur conjointe. À âge égal, ce groupe avait des enfants plus âgés que ceux des hommes et des femmes appartenant aux classes moyennes et ayant un niveau d'études supérieur (plus de deux années d'études après le baccalauréat pour les hommes et les femmes).

Après avoir repéré un premier niveau de changement dans les pratiques et les représentations, nous avons jugé bon d'élargir la problématique de la paternité à des situations plus hétérogènes, afin de mieux cerner les contours de la paternité contemporaine au regard de la problématique des acteurs et de leur mode d'affirmation identitaire par la parentalité, en nous interrogeant sur les effets du mouvement des femmes, les transformations familiales, la problématique des rapports sociaux sexués privés.

3) Auprès des jeunes générations

Nous avons alors mené et participé à plusieurs études renvoyant à des situations très différenciées, mais nous conduisant à prendre en considération le contexte contemporain de la paternité dans sa diversité. Ainsi, chaque étude a été menée auprès d'un petit échantillon, à l'aide d'interviews semi-directives très approfondies. Encore une fois, l'intérêt de ces études était de faire référence à des situations diverses.

— *Des jeunes hommes et des jeunes femmes démarrant une vie conjugale :*

Ont été interviewés[1] des hommes et des femmes appartenant aux jeunes générations et démarrant une vie conjugale (issus des

1. Cf. Annexe 5, p. 165.

classes moyennes, les deux conjoints interviewés séparément). Leurs représentations en matière de conjugalité et de parentalité se référaient à la culture égalitaire et à une conception plus alternée des rôles. Les femmes et les hommes se situaient plus souplement que les générations plus âgées, quant à leur engagement sur le marché de l'emploi. Poursuivant des études ou engagés dans le monde du travail, ils envisageaient de se relayer, selon la situation vécue par chacun des deux. L'homme pouvait entrevoir d'accorder moins d'importance à la carrière et au revenu au nom de la recherche d'une certaine qualité de vie. Certaines femmes envisageaient de se distancier du marché du travail afin de faire un, deux ou trois enfants. L'impératif de la carrière était tempéré par la crise économique, le soutien économique parental, mais aussi par l'attention qu'ils envisageaient d'apporter à leurs futurs enfants.

L'homme n'avait pas de représentation *a priori* concernant l'activité professionnelle de sa concubine ou de sa femme. Il était acquis que la femme travaille, mais sa conduite future n'était pas captive des représentations ni enfermée dans des *a priori* sur le travail féminin et le rôle domestique d'une femme. Tout semblait laisser entrevoir que celle-ci serait davantage issue d'un ajustement entre l'homme et la femme en fonction de leurs opportunités et du mode d'affirmation identitaire respectif choisi. Les contraintes semblaient plus externes qu'internes, relevant de flexibilité identitaire et de logique de marché.

— *Des jeunes futurs pères*[1] *dont la femme était sur le point d'accoucher :*

Il s'agissait d'une population sélectionnée auprès de la clinique de Châtenay-Malabry qui organise, sous la responsabilité d'Alain Benoît, des groupes de discussion en vue de préparer les pères à la naissance. Depuis lors, ces initiatives se sont développées et ont eu lieu dans différentes cliniques de Paris et de sa région, ainsi qu'en province. Elles sont impulsées et soutenues par des médecins et des sages-femmes.

Les futurs pères, très attentifs à la périnatalité, à la situation de la femme enceinte et soucieux de se préparer psychologique-

1. Dans le cadre du mémoire de DESS de Clarisse Baron (sous ma direction à l'EPP) ; cf. Annexe 6, p. 165.

ment, faisaient ainsi état des inquiétudes qu'ils ressentaient face à ce corps qui se transformait, et à leurs angoisses existentielles et sexuelles. Ils exprimaient une joie parfois teintée de souffrance quant à leur propre absence de transformation corporelle et étaient soucieux de sécuriser et de rassurer leur femme enceinte. Ils exprimaient les remaniements identitaires auxquels les renvoyait la situation, notamment par rapport à la peur de la dissolution de leur identité face à cette femme devenue physiquement si imposante. Ils étaient conduits à se situer sous un angle psychologique, dans le cadre de la réflexion sur la filiation, notamment par rapport à leur propre histoire et au contexte parental dans lequel ils étaient nés et avaient grandi. Ils exprimaient la joie, mais aussi l'angoisse de la construction sur le long terme d'une relation avec leur futur enfant.

Tout se passait comme si, dans le cadre de ces paternités attendues et majoritairement voulues, les angoisses qui renvoyaient à leur engagement et à leur choix étaient lourdes à porter et les sollicitaient au plus profond de leur identité.

— *Des mères célibataires volontaires :*

Des interviews ont été réalisées auprès de mères en situation de célibat volontaire[1]. Ces femmes ayant un métier et appartenant aux classes moyennes avaient eu un enfant avec un homme avec qui elles avaient délibérément choisi de ne pas partager une vie conjugale. Ces situations apparaissaient comme l'expression d'un choix dont le mode d'affirmation prolongeait la revendication de la femme d'exister comme sujet, acteur social, autonome, affirmant son autonomie dans la reproduction, le père étant informé ou non de sa paternité. Elles faisaient état des difficultés qu'elles ressentaient à partager une vie conjugale avec un homme en général, qui plus est en particulier avec le père de leur enfant. Elles exprimaient ainsi un sentiment de fierté, mais faisaient aussi état de souffrance face à ces difficultés vécues comme telles. Elles étaient conscientes de la nécessité pour l'enfant de se situer par rapport à des présences masculines. Elles sollicitaient des amis à ce titre.

Le nombre de femmes mettant ainsi des enfants au monde

1. Dans le cadre du mémoire de DESS de Anne-Gaëlle Hot, *Les mères célibataires volontaires* (sous ma direction à l'EPP) ; cf. Annexe 7, p. 166.

aurait tendance à augmenter[1]. Tout se passe comme si le choix désormais possible de l'enfant pouvait amener la femme à chercher à contourner les difficultés contemporaines inhérentes à l'articulation entre le conjugal et le parental en se passant de la cohabitation avec le père de l'enfant.

La peur des inégalités entre l'homme et la femme, la peur des différences de conceptions, de la domination masculine, et les particularités de l'histoire personnelle convergent vers des situations qui mettent en scène la mère et l'enfant comme s'il s'agissait de monoparentalité se limitant au duo mère-enfant autour duquel gravitent des personnes plus ou moins familières.

— *Des femmes faisant appel à la procréation médicalement assistée :*

Une étude a été réalisée auprès de femmes[2] faisant appel à la procréation artificielle (à l'insémination artificielle par donneur – IAD), dans le cas de stérilité du conjoint. Il est frappant de constater que, lorsque l'homme accède à la demande de la femme de recourir à l'insémination par donneur anonyme, celle-ci l'interprète comme un témoignage d'amour. Tout se passe comme si la solidarité conjugale était d'autant plus forte qu'elle contribue à dépasser le recours à un tiers anonyme, comme si le relationnel se mettant en place tendait à colmater la faille. Le père social, affectif, est tenu de prendre le pas sur le père biologique, anonyme, par la force de l'investissement dont il est l'objet. L'amour conjugal constitue alors un tremplin à la paternité sociale. On est en droit de se demander ce qu'il advient lorsque le couple se sépare. Cette question est d'autant plus importante que la référence à un père biologique imaginaire est à l'œuvre, et que la place occupée par le personnel médical est importante. On peut se demander ce qu'il en est, pour reprendre l'expression de Lacan, de la place symbolique du père et de la manière dont la mère l'introduit auprès de l'enfant. Il est frappant de constater à quel point les futurs parents ne s'interrogent pas sur l'enfant et son devenir. Ils sont avant tout préoccupés par la conception. On s'étonnera aussi que les politiques culturelles, éducatives et sociales n'intègrent pas cette nouvelle problématique.

1. Et pourrait constituer à l'avenir un nouveau genre familial.

2. Par Sophie-Emmanuelle Jarlaud, dans le cadre de son DESS à l'EPP (sous ma direction) ; cf. Annexe 8, p. 168.

— *Des fils adultes, appartenant aux classes moyennes, à propos de leurs pères, d'âge moyen :*

Nous avons réalisé une étude concernant des pères d'âge moyen dont on interviewait les enfants adultes, appartenant aux classes moyennes. Elle confirmait ce que nous avions déjà mis en évidence, à savoir que les conduites étaient très différentes entre les deux générations au sein du privé. Ces pères étaient jugés absents, indisponibles, par leurs fils, qui les définissaient comme étant surtout préoccupés par l'obéissance, le contrôle des sorties et du carnet scolaire. Ils étaient mis en scène dans la distance, la différence de rôle par rapport à leur rôle de jeune père et à celui de leur mère, et semblaient abandonner l'espace domestique à la femme.

— *Des filles et leurs pères :*

Des filles ont été interviewées ainsi que leur père, séparément[1]. Le décalage entre les représentations que le père se faisait de sa paternité, la manière dont il la situait, sur une échelle de valeurs qui témoignait de l'importance qu'il attribuait à son rôle, contrastait avec le sentiment d'indifférence de leur part ressenti par leur fille. Celle-ci formulait une demande d'amour qui semblait, pour le père, tout entière contenue dans son sentiment de filiation et de paternité, là où la fille attendait plus de manifestation d'intérêt, de témoignage d'attention (au-delà de la surveillance des notes et des sorties).

— *Des jeunes adultes de classes moyennes face à leur éducation :*

Nous avons effectué une étude exploratoire auprès de jeunes arrivés à la majorité, appartenant aux classes moyennes. Elle concernait leur mode éducatif. Elle mettait en évidence le fait que les aspirations des filles et des garçons valorisaient la communication différenciée avec chacun de leur parent, par opposition aux échanges menés de manière indifférenciée avec l'un ou l'autre, ou encore avec les deux à la fois. Ils préféraient l'autorité et la communication différenciées à l'autorité consensuelle et la communication indifférenciée (du type : « Demande à ton père, demande à ta mère »), et revendiquaient la spécificité de l'intime

1. Par Sophie Russel, dans le cadre de son DESS à l'EPP (sous ma direction) ; cf. Annexe 9, p. 169.

avec le parent du même sexe qu'eux. Comme si la reproduction et l'entretien de la différence culturelle entre les sexes se faisaient par le biais de la vie familiale, au creux de son intimité.

4) Modèles culturels et choix du nombre d'enfants : deux esprits de famille

Nous avons réalisé une étude avec Jeanne Fagnani[1] (nous renvoyons aux nombreux articles que nous avons publiés ensemble à partir de cette recherche), pour la CNAF, sur le choix ou le refus du troisième enfant, auprès des couches moyennes, interviewant séparément l'homme et la femme. Cette étude a été effectuée d'une part à Paris, d'autre part à Lille. Deux « esprits de famille » ont ainsi été identifiés, mettant en évidence l'incidence du choix des modèles culturels sur l'affirmation identitaire et la conception de l'organisation familiale ainsi que l'influence de la participation masculine sur le nombre d'enfants. La variable « carrière » de la femme n'était plus alors qu'une variable secondaire, contrairement à ce que montrent les études sur le choix ou le refus du troisième enfant, qui définissent celle-ci comme variable principale.

5) Étude de cas : incidence sur l'enfant devenu adulte de la dévalorisation d'un des parents par l'autre

Nous rendons compte ici, plus longuement, d'une étude un peu particulière qui s'apparente davantage aux récits de cas cliniques. Il s'agit de situations familiales vécues dans un état de grande souffrance. Elles permettent de mettre l'accent sur des réalités rarement évoquées, qui revêtent un intérêt prépondérant concernant la manière dont chacun des deux sexes prend ou ne

1. C. Castelain Meunier, J. Fagnani, « Deux ou trois enfants ? Pratiques des classes moyennes en Île-de-France », Paris, CNAF, *Espaces et familles,* n° 18, 105 p.

prend pas, laisse une place ou non à l'autre, pour lui permettre d'exercer son rôle parental.

Contrairement à ce qui se passe dans les situations claires, où la minimisation du rôle d'un des parents est visible, il s'agit ici d'une marginalisation souterraine, et non identifiée comme telle. Cette étude présente un intérêt particulier pour la réflexion sur le lien paternel et la part du père et de la mère. Avant d'y faire référence, nous nous autorisons quelques remarques préalables.

L'analyse complexe à laquelle nous confronte la réflexion sur les prises de places parentales constitue, de fait, un merveilleux révélateur de l' « état de santé » des rapports sociaux sexués. Par-delà la négociation et le partenariat, plus généralement associés aux jeunes générations, ou encore par-delà la rupture du lien entre l'homme et la femme avec les maternités volontaires, persiste la « cohabitation hypocrite », sorte de comédie à laquelle se prêtent l'homme et la femme dans une société inégalitaire caractérisée par l'absence de la présence masculine au foyer. Il s'agit du rôle que chacun joue à l'autre et se joue à soi-même et auquel il se prête (E. Goffman) au regard de la défense de ses propres intérêts. Plus profondément, ils traduisent, en ce qui concerne les rôles parentaux, un savant dosage entre les modèles hérités du passé, reflet de l'histoire différenciée dans laquelle s'inscrivent les hommes et les femmes, et les modes de résistances individuelles aux inégalités.

L'homme est sollicité dans sa paternité, dans une dynamique contradictoire qui fait appel à la fois à ses repères traditionnels et à la construction d'un nouveau rôle mal défini, mal identifié, en cours de constitution. Le rôle de la femme est référé à l'impératif de la bonne mère en ce qui concerne la famille. L'homme est souvent sollicité de manière contradictoire, d'une part autour de l'exercice traditionnel de son rôle que la femme attend et conteste, d'autre part autour de l'expérience d'un nouveau rôle, qu'elle redoute de crainte de perdre ses anciens privilèges dans ses rapports spécifiques à l'enfant et à l'espace domestique.

Ces situations maintiennent et entretiennent en même temps la domination dans laquelle elles se trouvent incluses et constituent un handicap à l'émancipation. En clair, plus la femme accepte de « partager » l'enfant, plus elle perd le contrôle de la situation, à moins de doser très précisément ce partage du pouvoir, au regard de l'expression émotionnelle, qui constitue l'un des véritables enjeux dans la relation à l'enfant. Telle cette jeune femme qui n'a pas pu supporter, au fond d'elle-même, depuis la naissance de son premier enfant, né prématurément, et dont le père s'est énormément occupé, de se sentir évincée de son rôle, et qui s'est momentanément séparée de son conjoint peu de temps après avoir fait un deuxième enfant avec lui.

Le lien paternel contemporain peut donner le sentiment de ressembler à un « jeu » sordide, aux dires des pères en souffrance de lien, dont les « dés » seraient contrôlés par la femme. Cependant, une tendance s'affirme aujourd'hui (surtout du côté des jeunes générations) qui conduit l'homme à prendre du recul par rapport à son propre comportement et à celui de la femme, dans un travail d'affirmation qui s'appuie sur la défense de ses droits et sur l' « espace émotionnel » qui semble s'ouvrir à lui au cœur de l'intime et du quotidien. Les besoins d'autonomie de l'enfant peuvent être cependant parfois oubliés, niés. L'homme ne les mentionne pas d'emblée lorsqu'il évoque son rôle. La femme non plus. On peut se rapprocher, et c'est le risque de situations non marquées par les différences de générations, de celles qui sont qualifiées d' « incestualité », si l'homme et la femme ne se situent pas comme des acteurs « responsables et adultes », ou de situations qui traduisent combien les parents s'appuient sur les enfants pour s'affirmer.

Le sentiment d'insécurité ressenti par l'homme et par la femme en matière d'éducation provient, peut-être, de cette impression diffuse de ne pas savoir se rendre autonome dans l'exercice et la recherche de nouveaux rôles parentaux compris entre l'affirmation de soi-même et l'affirmation du rôle parental. Cela nous paraît très important pour la compréhension des rôles parentaux contemporains, marqués par l'individualisme. Un sentiment d'insécurité accompagne les pères qui font pourtant preuve de conduites innovantes et qui sont fiers de se définir comme militants (dans le sens où ils bravent les conduites traditionnelles, conduisent l'enfant à la crèche, adaptent leurs horaires à ceux des enfants, font des courses, cuisinent des repas... alors que la femme est au travail ou à la gymnastique...). Le sentiment d'insécurité caractérise aussi les pères dont les conduites, le salaire, le statut social (journaliste, médecin, dentiste, chef de service, professeur d'université) leur permettent pourtant de se valoriser noblement, dans la référence classique à la fonction du père chef de famille. Ils doivent négocier l'organisation du mode de vie en fonction du temps de travail de leur conjointe, des exigences en matière de qualité de vie, des impératifs de réussite scolaire des enfants. Ils doivent faire face à de nouvelles contradictions et de nouveaux besoins qui les conduisent à déplacer leurs choix et leurs motivations, dans un contexte où les repères et les modèles sont incertains mais dans lequel, au creux de l'intimité, prédominent les liens entre la mère et l'enfant. Ils donnent parfois le sentiment que « le sol se dérobe sous leurs pieds », qu'ils sont dans une perpétuelle quête d'harmonie, aux prises avec l'action d'affirmation personnelle, en couple, et la quête de rôle parental. Pouvoir embrasser les enfants et discuter un instant avec eux dans la journée, les voir pour s'assurer que tout va bien... devient un enjeu présenté comme fondamental et maintenu en cloisonnant le temps de travail et la présence au foyer. Mais l'équilibre reste réalisé sous les bons auspices de la femme qui, elle, n'en continue pas moins de cumuler tous les rôles, même si ceux-ci commencent à être moins spécifiques.

Il nous a donc été donné de comprendre, à la lumière de récits de vie de pères ou encore de jeunes devenus récemment des adultes, des situations mettant en scène des aspects de l'exercice de la parentalité qui semblaient à l'époque échapper aux acteurs eux-mêmes. Et cela corrobore le fait que, dans la société contemporaine, la construction et l'exercice du rôle parental expriment le travail de l'acteur sur lui-même et dans l'interaction.

Scènes et récits de vie témoignent de l'infortune dans laquelle la difficulté à s'affirmer comme sujet, acteur, est préjudiciable pour chacun des membres de la fratrie. C'est l'histoire de la poule et de l'œuf... Nous en sélectionnons une. Ces scènes pourraient s'intituler : au commencement était l'Œdipe mal résolu, la féminité mal reconnue de la fille par le père physiquement présent mais non défini dans un lien symbolique de paternité (par lui-même, par sa femme). Le père, très investi dans son travail, peu présent dans l'espace domestique, voit ses enfants grandir en confiance. Sa femme est présente au foyer et se soucie de leur bien-être, de leur éducation, de leurs loisirs. Les relations entre sa femme et lui ne sont pas très bonnes. C'est lorsque sa fille atteindra l'âge de 12 ans que l'attention du père se trouvera attirée, à l'occasion d'une scène qui explose. Scène qui commencera à éveiller les soupçons du père sur l'état d'esprit dans lequel sa fille se trouve à son égard et à celui de sa femme. À la suite d'une querelle entre sa fille et lui au cours de laquelle il se fait insulter et injurier par celle-ci, la fille exprimera de violents conflits avec sa mère. À partir de la remarque en apparence anodine de la mère disant à la fille de ne pas insulter son père, qu'elle est « une fille insupportable, infernale, et qui ne mérite pas qu'on s'occupe d'elle », celle-ci, en état de grande détresse, répondra à sa mère devant son père : « C'est incroyable le mal que tu me dis sur lui lorsqu'il n'est pas là, la haine que tu as à son égard, et tu me reproches et m'empêches de m'exprimer face à lui. Tu n'es qu'une hypocrite qui cache son jeu, qui n'a pas le courage de ses sentiments... » La jeune fille refusera alors pour la première fois de sa vie de partir en vacances avec sa mère. Puis la situation se dégradera progressivement entre le père et la mère. Ceux-ci divorceront. La fille semblera trouver un nouvel équilibre. Les rapports entre le père et la fille se distendront au fur et à mesure que celle-ci arrivera à l'âge adulte. Elle sera entourée de nombreux amis, elle semblera épanouie, effectuant même un stage où elle sera fortement appréciée dans l'hôpital dans lequel son père avait été chirurgien. Puis, un jour, elle se suicidera. Le père, atterré, rangeant les affaires de sa fille, trouvera, à son grand étonnement, des cartes qu'elle lui avait écrites longtemps avant son suicide, dans lesquelles elle lui témoignait son amour et son affection et lui demandait de passer souvent la voir, de venir bavarder avec elle dans sa chambre. Ces cartes accumulées dans un placard n'avaient jamais été envoyées.

Le lien filial entre sa fille et lui se situait en dehors de la réalité sociale. La relation intergénérationnelle n'existait pas. Le père n'avait pas réussi à construire son rôle de père. La face cachée de ce qui se passait dans l'espace domestique lorsque sa fille était petite lui échappait, et sa femme avait du mal à laisser la relation se construire entre la fille et le père, d'autant plus que le père était peu présent. Elle reproduisait une situation dont elle-même avait dû être victime dans l'enfance. Convergeaient ici, au détriment de l'enfant, l'incapacité de la femme à prendre sa place et à faire la place à l'enfant auprès de son père, l'incapacité du père à se faire une place et à prendre une place à côté de son enfant.

Si nous nous autorisons, dans ces pages, à retracer cette histoire, révélatrice de tant d'autres qui ne débouchent toutefois pas sur des situations aussi dramatiques, mais qui témoignent de profondes difficultés dans la capacité à être sujet, acteur éducatif, c'est pour attirer l'attention et la réflexion sur un phénomène rarement mentionné comme problématique, à savoir que le père, la mère ne prennent pas leur place, et que le duo mère-enfant, père-enfant peut exister à l'encontre de chacun des deux parents et de leur relation avec l'enfant. Cela existe d'autant plus que la femme peut se venger des hommes, sur l'enfant avec lequel elle passe plus de temps que l'homme, des inégalités et des violences qu'elle subit ou que sa propre mère a subies. Il s'agit alors de situations qui symbolisent la domination entre les sexes, et dont les incidences sont d'autant plus fortes qu'elles portent le poids des millénaires passés. Pourtant, au moment où déjà les situations familiales ne sont plus sous-tendues par la référence à la puissance paternelle et où celle-ci est déjà censée être remplacée par la volonté du père à être père par une relation impliquée, l'absence d'investissement de la part du père et l'insatisfaction de la femme cantonnée à un rôle traditionnel peuvent laisser la porte ouverte à des situations destructrices pour l'enfant. Mais il existe des situations équivalentes aujourd'hui aussi, et celles-ci concernent le postféminisme et la postmodernité. Mais le père contemporain réalisera peut-être plus aujourd'hui que, derrière l'enjeu de sa présence au foyer, il est question de l'intérêt qu'il porte à l'enfant et que celui-ci lui porte à son tour.

Pourtant la femme, forte de son autonomie sociale et financière, de sa maîtrise de la contraception et de sa capacité à décider de faire un enfant, peut désormais « évacuer » le père de l'environnement affectif et social de l'enfant. Celui-ci est alors conduit à se battre pour revendiquer l'exercice de sa paternité ou à contrôler sa sexualité pour ne pas donner à la femme la possibilité d'attendre et d'avoir un enfant de lui à son insu. La paternité contemporaine implique ainsi de nouvelles pratiques et mobilise l'homme autour de nouveaux enjeux, entre autres celui qui consiste à éviter que le rapport mère-enfant se referme sans lui. On comprendra que la nécessité pour les pères de se constituer comme acteurs éducatifs, mais aussi comme acteurs responsables de leurs actions dans leurs activités de procréation, soit tenue d'augmenter en même temps que la nécessité d'arriver à une égalisation des salaires entre les hommes et les femmes ainsi qu'à une égalisation des conditions, à travers la lutte contre les discriminations entre les sexes. Cela constitue un enjeu important inhérent à la problématique de la paternité. En effet, si les salaires masculins continuent à se référer au fait que l'homme doit subvenir aux besoins de sa femme et de ses enfants, et que la femme n'a besoin que d'un salaire d'appoint, c'est signifier à l'homme l'impossibilité de réunir les conditions d'exercice d'une paternité contemporaine, autonome, consciente et responsable, construite dans un rapport social sexué intergénérationnel mais direct avec l'enfant. Car il lui faut désormais être en mesure d'interférer à son tour sur l'image de lui véhiculée par la mère, grâce à une plus large présence et disponibilité, le rendant ainsi moins soucieux du salaire et de la carrière. Les conditions du changement culturel de la paternité sont posées dans le contexte de postmodernité et renvoient aux dépassements des contradictions fondamentales entre les genres. Elles sont aujourd'hui loin d'être réunies de manière satisfaisante pour l'équilibre de l'enfant. L'enfant, plus que le père et la mère, apparaît comme la première personne piégée dans les contradictions d'une société qui n'arrive pas à négocier ses virages et dont les acteurs, aux prises avec de nombreux tiraillements, sont prêts à éviter les conflits directs de peur qu'ils ne se retournent contre eux.

Notre travail met en évidence l'importance, pour les hommes, de la paternité, à la suite du mouvement de « désinscription » des rôles. Il rend compte des effets sur les pratiques, les représentations et les relations, du passage à la paternité relationnelle. Il met en évidence les satisfactions, mais aussi les différentes formes de manifestation de l'angoisse inhérente à la redéfinition des places et des rôles.

Tout se passe alors comme si les acteurs devaient affronter sans médiation les angoisses liées à leur spécificité biologique et aux nouveaux décalages entre les rôles, les aspirations, les pratiques. La femme, avec le choix des maternités volontaires, exprime l'angoisse du partage du conjugal et du parental avec l'homme, et l'angoisse latente et diffuse contenue derrière les difficultés à faire une place au père de l'enfant.

— La femme peut exprimer son angoisse à la suite de l'incapacité à valoriser, auprès de l'enfant, un père qu'elle juge « inapte à prendre une place et à se faire une place auprès de l'enfant ».

— La femme peut témoigner de son angoisse à se décentrer de la fusion avec son enfant, et de sa propension à rester dans un équilibre affectif et sentimental satisfaisant avec l'homme.

— La femme s'angoisse plus généralement devant la nécessité où elle se trouve contrainte d'exercer l'autorité à la place du père de l'enfant.

— L'homme exprime son angoisse face aux conditions d'exercice et à la durabilité de ses liens avec l'enfant.

— L'homme exprime sa souffrance d'être séparé de ses enfants.

— L'homme peut exprimer sa souffrance de ne pas être reconnu dans sa capacité institutionnelle, juridique, morale à exercer sa paternité.

— L'homme et la femme expriment leur difficulté à devenir autonomes l'un par rapport à l'autre dans le lien à l'enfant.

— De nouvelles formes d'agressivité apparaissent autour de :

— la tentation de la négation par les hommes de la différence biologique entre l'homme et la femme, au-delà du processus spécifique de la reproduction ;
— la tentation de l'inversion des responsabilités éducatives de la part de chacun des parents, en s'appuyant sur l'enfant, notamment en cas de séparation avec le conjoint, avec la conjointe ;
— la difficulté à construire un rôle parental, faute de savoir le définir et le circonscrire par rapport à l'autre conjoint (surtout pour les hommes) ;
— la difficulté à relativiser la réalité effective de son propre rôle par rapport à l'autre, faute de repère et d'expérience (l'homme qui croit en faire tant, alors que la femme demeure chef d'orchestre) ;
— la difficulté à prendre du recul par rapport à sa propre histoire personnelle et la propension à projeter des affects sur l'autre (dans le sens conjoint[e]-enfant) dans le cadre de la difficulté à savoir créer des liens éducatifs.

Les incidences du mouvement de redéfinition des rôles à la suite du mouvement des femmes sont profondes et provoquent de nombreux débats et réactions d'hostilité, symbolisées, en Amérique, par un violent retour du néotraditionalisme, analysé par Susan Faludi dans son ouvrage *Backlash*[1], dont le titre signifie : « retour en arrière ». Elle développe l'idée que les fem-

1. Paris, Éd. des Femmes, 1993.

mes se trouveraient dans une situation plus difficile et plus inégalitaire qu'auparavant. Pour l'étude du mouvement des femmes proprement dit ou, plus spécifiquement, sur les femmes, nous renvoyons aux ouvrages de Françoise Picq, mais aussi aux travaux de l'historienne Michèle Perrot[1], de Margaret Maruani[2], de Jeanne Fagnani (avec son excellent ouvrage : *Petits arbitrages et grands dilemmes,* chez Bayard), pour ne citer – dans cet ouvrage qui n'est pas exclusivement sur les femmes – que quelques auteurs auxquels il faudrait en ajouter beaucoup d'autres[3].

Le mouvement des femmes influe sur la paternité à travers deux dimensions. La première est que la recherche d'autonomie des femmes peut provoquer chez l'homme contemporain des réactions d'hostilité, un sentiment d'abandon, mais aussi un sentiment de libération, la recherche d'une plus grande autonomie pour lui dans les rapports à l'enfant, tout cela provoquant aussi des réactions ambivalentes. La recherche d'autonomie féminine à l'égard de l'homme, en particulier du père de l'enfant, qui s'effectue en même temps dans un rapprochement avec l'enfant, peut entraîner un désir de marginaliser les pères. Il peut aussi créer, c'est le deuxième effet, un nouvel espace autour de la préoccupation de l'accès par l'enfant à ses deux parents. À partir de là peuvent se développer les nouveaux jalons d'une paternité en interaction avec la femme, l'homme étant alors conduit à se définir dans une relation de sujet à sujet avec la femme d'une part, et avec l'enfant d'autre part, là où autrefois la puissance paternelle freinait la relation, la communication, en dehors des rapports de domination et de soumission.

Ce tournant correspond, selon nous[4], à une véritable mutation pour la paternité. Ce nouvel espace s'est notamment ouvert

1. Notamment son ouvrage sur les femmes, le pouvoir, l'histoire, dans *Une histoire des femmes est-elle possible ?,* Marseille/Paris, Rivages, 1984 (colloque de Saint-Maximim, 1983).

2. Notamment *Les syndicats à l'épreuve du féminisme,* Paris, Syros, 1979.

3. Notamment les travaux de Michèle André, Françoise Battagliola, Anne-Marie Daune Richard, Georges Duby, Françoise Gaspard, Madeleine Guilbert, Monique Hébrard, Luce Irigaray, Yasmina Kebiri, Danielle Kergoat, Marie-Françoise Lévy, Marie-Victoire Louis, Françoise Picq, Mireille Pongy..., ainsi que les revues *Pénélope, Les Cahiers du GRIF...,* sans oublier l'ouvrage de Simone de Beauvoir, *Le deuxième sexe,* Paris, Gallimard, 1949.

4. Citons *Les hommes aujourd'hui. Virilité et identité,* Paris, Acropole, 1988 ; *L'amour en moins. L'apprentissage sentimental,* Paris, Olivier Orban, 1990 ; *Cramponnez-vous les pères ! Les pères face à leur femme et à leurs enfants, op. cit.*

autour d'un symbole contemporain aussi important que celui qui a marqué un tournant à la Révolution française en faveur des enfants. Le tournant s'est ensuite effectué en faveur des femmes (si le retour en arrière et le néotraditionalisme ne prennent pas le dessus) et pourrait s'effectuer, dans un deuxième temps, au profit de l'homme, de la femme, de l'enfant. Mais la route est encore longue et des mesures devraient être développées par l'État en matière de flexibilité des prestations sociales, d'information, de conscientisation, d'éducation, de soins, de formation, d'emploi... La seconde rupture symbolique concerne le partage éducatif entre l'homme et la femme autour de l'autorité parentale.

Une mutation s'effectuerait ainsi à la faveur du développement de la « conscience paternelle »[1], dans la mesure où un certain nombre de conditions se trouvent réunies. Ces conditions peuvent être inhérentes à la dynamique et aux effets du mouvement des femmes des années 1970, qui a constitué un véritable détonateur dans sa double dimension de lutte pour l'égalité et pour l'identité. Aujourd'hui se pose la question des conditions de recomposition de l'interaction entre l'homme et la femme concernant l'éducation de l'enfant sujet. Le mouvement des femmes n'est pas alors, pour nous[2], symbole d'abolition de la puissance paternelle, mais débouche sur la définition de nouveaux espaces symbolique, culturel, social, parental.

L'histoire a montré que la « puissance paternelle » a diminué au fil du temps. Le mouvement des femmes constitue une étape dans la reconstruction de la paternité par la recomposition des relations entre l'homme et la femme. Les changements du parental s'inscrivent dans le cadre de modifications qui accompagnent l'affirmation de l'identité féminine ainsi que l'identité masculine. De nombreux travaux américains font état de ces perspectives. Éliasbeth Badinter, dans ses ouvrages *L'un est l'autre* puis *XY*[3], étudie la lente « montée » des deux sexes vers l'indifférenciation. Nous évoquerions plutôt « l'égalité dans la différence », nécessaire à la dialectique entre les sexes et à la construction de la parentalité, donc de la paternité.

Le retour à l'histoire nous a rappelé que la séparation entre la

1. C. Castelain Meunier, « Du mouvement des femmes à la paternité », *op. cit.*
2. Ouvrage en cours sur le sentiment paternel contemporain.
3. É. Badinter, *L'un est l'autre,* Paris, Odile Jacob ; *XY,* Paris, Odile Jacob, 1992.

paternité symbolique et juridique s'est effectuée bien avant le mouvement des femmes. On ne sera pas étonné de ne pas avoir trouvé, dans nos recherches, de références à la spécificité paternelle, chez les hommes, comme expression de l'affirmation profonde de la différence entre les pères et les mères aujourd'hui. Il s'agit plutôt de survivance de rôles que de modes de différenciation actuelle de rôles.

La référence au juridique apparaît pourtant comme une nouvelle « énigme » dans les modalités de recomposition de la paternité, comme si la construction du lien de filiation entre le père et l'enfant était défaillant dans la société contemporaine, à l'échelle sociale, culturelle, institutionnelle.

À l'échelle privée, nos enquêtes nous montrent la complexité des situations, à savoir que celles-ci dépendent de la manière dont le père et la mère prennent leur place et de l'accès que chacun laisse à l'autre auprès de l'enfant. D'où les fantasmes qui se libèrent à l'échelle privée et publique de l'homme enceint, comme seule garantie fondamentale à l'exercice de la paternité, là où auparavant il s'agissait de fantasmes pris en charge dans la production culturelle, religieuse, symbolique des mythes. L'histoire montre que le rapprochement culturel et social entre la mère et l'enfant a été favorisé depuis plusieurs siècles, l'État s'étant petit à petit présenté en substitut du père lorsque ce dernier était jugé défaillant, comme le note F. de Singly.

Dans un contexte qui demeure inégalitaire entre les hommes et les femmes, à l'échelle publique et privée, le rapprochement privilégié entre la mère et l'enfant du fait de l'enfantement peut constituer un moyen de pression considérable d'éviction (réelle ou informelle et souterraine, comme nous y avons fait référence dans le descriptif de recherche) du père, argumenté par les représentations collectives qui associent le bien-être de l'enfant à la mère. Cette dynamique est révélée de manière brutale à l'homme en cas de rupture mais semble marginale, n'étant pas apparente dans des contextes familiaux « ordinaires » (qu'il s'agisse de cohabitation, de concubinage, de mariage, de remariage), alors même qu'elle demeure fondamentale quelle que soit la situation. Le rapprochement entre la mère et l'enfant modifie considérablement le rapport de force entre les parents en matière d'éducation, et il est d'autant plus fort que la femme vit dans des conditions qui ne la satisfont pas. Les références à l'histoire et à nos recherches indiquent l'étendue de la complexité de la paternité contemporaine, qui renvoie désormais au domaine public ce qui relève du privé, et au domaine privé ce qui relève du public.

L'histoire montre – et nos enquêtes le confirment – que l'homme n'est pas préparé à prendre des initiatives domestiques dans l'espace privé ; il continue, en revanche, à s'affirmer dans l'espace public, dans le cadre du travail et de l'idéologie du progrès associé au travail qui est elle-même vacillante. Le rapport au travail devient davantage aujourd'hui un mode d'affirmation individuel (A. Touraine). Le domestique et le travail semblent appartenir encore à des registres très différents pour l'homme, qu'il présente de façon séparée. Dans une société où s'effectuent des nouvelles interpénétrations entre le privé et le public, comme le mentionne Michel Wieviorka[1], l'homme n'évoque pas sa manière de concilier les deux, se référant surtout et encore à un clivage associé à la différence entre les sexes. Ce système de représentations se transforme très lentement, mais le pouvoir féminin dans l'espace domestique est très fort – sorte de compensation de l'infériorisation des femmes et conséquence de la fragilité nouvelle de la condition féminine – en même temps que le rapport au domestique devient un enjeu de pouvoir entre les sexes, avec les nouvelles relations qui se dessinent à travers l'accession à la relation à l'enfant, ce dernier devenant enjeu et mode d'affirmation identitaire pour les deux sexes, dans le cadre de l'inflation des repères et des modèles d'affirmation.

Le croisement entre l'histoire et nos recherches montre que le sentiment paternel se construit dans une nouvelle dissociation de l'amalgame entre chef de famille, conjoint, père, autour du pouvoir domestique comme construction d'un relationnel nouveau à l'enfant, inédit pour le père dans la dynamique entre les sexes. L'homme, ambivalent face à ses privilèges, ses pouvoirs, ses devoirs, doit alors rompre avec la tradition pour se situer par rapport à une femme, elle aussi souvent ambivalente et investie de pouvoirs domestique et éducatif, pour prendre une nouvelle place.

Le désir de paternité de l'homme peut aujourd'hui être limité par sa dépendance à la volonté de la femme (notamment

1. M. Wieviorka (dir.), « Culture, société et démocratie », *Une société fragmentée ? Le multiculturalisme en débat,* Paris, La Découverte, 1996, p. 11-60.

avec le choix du moment de faire l'enfant, avec le droit à l'avortement[1]).

La paternité peut prendre figure d'engagement, d'acceptation ou de refus des nouvelles limites et des nouvelles frontières à redessiner dans le cadre de la postmodernité. Elle peut être de ce fait incertaine, pour reprendre le titre de Louis Roussel, *La famille incertaine.*

6) Des liens téléphoniques des pères avec les enfants, dans le cadre d'une rupture conjugale

Notre étude rend compte des échanges entre des pères non gardiens et leurs enfants. L'expression « père non gardien » signifie que le père n'a pas la garde de l'enfant, qui est confiée, comme dans la majorité des situations de rupture conjugale, à la mère. Cela ne signifie pas que le père ne voit plus ses enfants, mais qu'il a l'attribution de jours de garde. Ceux-ci sont fixés par le tribunal et varient d'une situation à l'autre. Le père peut avoir, comme c'est souvent le cas, la garde de l'enfant un week-end sur deux ou trois, et la moitié ou moins des vacances scolaires. Les décisions peuvent être réaménagées à la suite de nouveaux jugements.

Notre travail s'appuie, entre autres, sur l'analyse des réponses faites par 166 pères (voir l'Annexe 10, p. 170), en retour d'un questionnaire volontairement succinct que nous avons élaboré, et qui a été adressé à 1 000 pères appartenant à une association de défense de la paternité[2]. Nous en profitons pour remercier vive-

1. Objet perpétuel de controverses idéologiques, culturelles, religieuses, et qu'il serait bon d'étudier sous l'angle des relations de l'homme à l'avortement, c'est-à-dire sous l'angle de l'étude de la sensibilité, de la souffrance que l'homme peut ressentir lorsqu'une femme qu'il aime se fait avorter d'un enfant qu'il serait prêt à garder. Les témoignages sont rares sur cette question. Le livre de Lorette Thibout, *L'avortement vingt ans après* (Paris, Albin Michel, 1995), comporte dans ce sens de précieux témoignages masculins sur ce thème. Cf. également l'ouvrage de C. Castelain Meunier et J. Fagnani, *Deux ou trois enfants ? Pratiques des classes moyennes en Île-de-France, op. cit.*

2. Nous renvoyons aussi à notre article, dans la revue *Réseaux,* n° 82-83, CNET, CNRS, « Le cordon paternel : des liens téléphoniques entre des pères "non gardiens" et leurs enfants ». L'association auprès de laquelle nous avons effectué notre enquête dispense des conseils à des pères vivant ou ayant vécu une séparation conjugale. Elle a été

ment les membres de cette association et leur responsable, qui ont ainsi contribué à rendre cette recherche possible. L'originalité de ce travail tient au fait qu'il inclut l'analyse des nombreux commentaires ajoutés par des pères, nous permettant ainsi de faire plus profondément référence à leur expérience des liens paternels téléphoniques. La caractéristique commune à cette population est l'appartenance à l'association (on ne peut donc la considérer comme population témoin ou représentative de la population française) et l'intérêt que ces pères accordent au lien téléphonique[1]. La population à laquelle nous faisons référence appartient en majorité aux classes moyennes, ce qui n'exclut pas d'autres catégories[2]. Elle est géographiquement diversifiée, se concentrant toutefois en région parisienne. Elle compte surtout des pères ayant entre 30 et 40 ans, mais aussi entre 40 et 50 ans. La majorité d'entre eux vit seul, mais ces pères sont nombreux aussi à vivre en couple. Le nombre moyen d'enfants par père est de 1,7 (sans compter les attentes de naissances issues des nouvelles unions des pères). Quelques pères ont eu des enfants avec deux femmes et vivent avec une autre. Les enfants ont en majorité moins de 10 ans, mais on compte aussi un nombre important d'enfants entre 10 et 18 ans.

Aux commentaires écrits recueillis auprès de cette population s'ajoutent d'autres témoignages oraux, plus informels, provenant de pères ou autres (baby-sitters...), qui rendent compte d'échanges téléphoniques père-enfant à la suite d'une rupture conjugale, permettant ainsi d'élargir la population. Nous rendons compte, dans un premier temps, de quelques particularités

créée en 1991. Elle compte 3 000 adhérents, 1 000 d'entre eux sont membres cotisants et reçoivent un bulletin trimestriel édité par l'association. C'est ainsi que le questionnaire a été envoyé. Parmi les revendications de l'association figurent celle du partage du droit de garde et de la résidence alternée.

1. Hormis quelques exceptions : un père (maçon de profession), âgé de 59 ans, qui préfère donner un chèque de 1 000 F à chacun de ses grands enfants plutôt que de dépenser de l'argent pour le téléphone alors qu'il n'est pas très fortuné ; un autre qui avoue ne pas aimer téléphoner. Il a 40 ans, est technicien-vétérinaire et père de deux enfants. Il vit seul et habite à 15 km, est séparé depuis un an. Un couple séparé qui partage la garde de l'enfant à égalité et qui estime que c'est préjudiciable pour l'enfant de l'appeler lorsqu'il est chez l'autre. Par ailleurs, un père chômeur habite dans un foyer et ne possède pas de téléphone individuel ; un autre a un enfant avec une mère qui habite dans un foyer pour mères célibataires, dépourvu de téléphone individuel.

2. Cf. tableaux en annexe.

spécifiques aux rapports téléphoniques avec des enfants (qui varient avec l'âge de ceux-ci).

Les rapports téléphoniques avec les enfants revêtent des aspects spécifiques. Ils sont d'autant plus libres que les relations entre les parents séparés sont détendues et permettent ainsi une grande fluidité dans les échanges, y compris à l'intérieur de la famille élargie (lorsque le père téléphone chez les grands-parents de l'enfant, par exemple). On se rappellera avec amusement la manière dont les enfants se soustraient par méconnaissance, ou se plient par jeu et mimétisme, au protocole de politesse, et la naïveté avec laquelle ils s'expriment avec authenticité et évoquent leurs préoccupations immédiates lorsqu'ils sont à l'appareil. Sans parler des effets de surprise, voire de stupeur et d'effroi, que procure l'écoute de la « boîte qui parle », chez le petit enfant, ou encore de l'impatience que provoquent chez lui les conversations menées à distance par ses proches, avec un interlocuteur invisible.

Deux saynètes retiennent notre attention, témoignant de l'absence de procédure protocolaire de la part de jeunes enfants au téléphone et de la spontanéité de leur attitude. Il s'agit de deux enfants, une sœur et un frère, âgés respectivement de 2 ans et demi et de 4 ans. L'histoire se passe en vacances, chez les grands-parents. Les échanges téléphoniques ont lieu en présence de la baby-sitter. Celle-ci raconte : « Ce sont toujours les grands-parents qui répondent au téléphone. C'est leur fils qui appelle et qui veut parler à ses enfants. Ces derniers lui parlent alors successivement. » Le père n'hésite pas à téléphoner puisqu'il appelle chez ses parents, mais les enfants y reçoivent aussi des appels de leur mère, bien qu'il ne s'agisse pas de ses parents. Les relations sont harmonieuses malgré la séparation conjugale.

Deux communications téléphoniques eurent ainsi lieu à quelques jours d'intervalle. Celles-ci sont à la fois très sérieuses et très ludiques. L'enfant joue un rôle et se sert du téléphone comme d'un instrument de distraction ou d'affirmation, sans en avoir conscience. Il peut s'en servir comme d'un instrument qui lui permet de donner des informations, mais celles-ci sont très factuelles et se situent par rapport au temps immédiat.

— La petite fille de 2 ans et demi communique de la manière suivante avec son père :

Le père : « Qu'as-tu fait aujourd'hui ? »

La petite fille : « Je suis allée au bureau. »

Le père manifeste son étonnement.

La petite fille : « Il faut bien que je gagne ma croûte. »

La baby-sitter intervient alors dans la conversation, disant à l'enfant de raconter ce qu'elle a fait. L'enfant se plie à sa requête et déclare avec fierté, à son père : « J'ai fait un gâteau au chocolat. » La baby-sitter intervient à nouveau : « Mais non, pas un gâteau. » La petite fille rectifie alors : « Euh ! non, une mousse au chocolat. »

Cette petite scène rappelle que les capacités d'autonomie de l'enfant, en tant qu'interlocuteur, dépendent autant des interactions avec la personne qui est à l'autre bout du fil qu'avec celle qui le surveille.

La deuxième séquence rend compte du comportement du petit garçon de 4 ans, sollicité par sa grand-mère pour parler au téléphone avec son père. Il prend l'appareil et dit, tout simplement : « Écoute papa, je n'ai pas le temps de te parler maintenant, il faut que j'aille jouer au ballon dehors. » Il rend le combiné à sa grand-mère. Celle-ci le sermonne alors en lui disant : « Tu n'es pas gentil, il doit être triste maintenant. » Ce petit scénario rend compte aussi de l'immédiateté et de la rapidité des propos de l'enfant, qui ne transige pas avec ses activités ludiques, qui s'imposent à lui comme une évidence. Il témoigne aussi de la manière dont il peut être sujet au chantage affectif de la part des adultes qui partagent son espace privé.

On remarquera aussi comment le téléphone ne constitue pas un frein à l'expression de son désir, qui influe sans détour sur le cours de la conversation lorsque l' « appelant » ne cherche pas à le contrer ou à s'immiscer dans le déroulement de ses activités.

L'enfant constitue le type même d'interlocuteur qui se soustrait aux conventions et à l'égard duquel l'adulte, à l'autre bout du fil, peut tolérer qu'il « fasse l'économie des conventions », pour reprendre l'expression utilisée par Clément et Kaufmann (1996). Par ailleurs, si la coopération peut être réduite avec l'enfant, ses capacités stratégiques le sont aussi. Il passe d'un registre à l'autre sans recul et constitue le personnage privilégié qui n'a pas « de conscience réflexive lui permettant de bénéficier d'extériorité à l'égard de ses "états mentaux" » (Clément, Kaufmann, 1996[1]).

1. F. Clément, L. Kaufmann, « Esquisse d'une ontologie des faits sociaux. La posologie proposée par John Seartle », *Réseaux,* n° 79.

Ces spécificités agissent sur le comportement des pères qui les appellent au téléphone. La caractéristique commune entre eux étant que, avec le jeune enfant, le père doit tenter de tenir une conversation (discordante en matière de convention et de mode d'expression) harmonieuse, alors que l'enfant intègre mal les règles préexistantes à l'échange et se prête difficilement au principe de réciprocité. L'échange téléphonique n'en participe pas moins du processus de socialisation. Mais le père, pour converser avec le jeune enfant, est tenu de se mettre à sa portée, à distance, et il participe aujourd'hui des rapports « démocratiques » qui reflètent les « glissements » qui se sont effectués pour l'ensemble des milieux sociaux dans les rapports d'autorité père-enfant (Segalen, 1993[1]). Les échanges se situent alors dans le cadre d'une paternité devenue désormais plus relationnelle (de Singly, 1994[2] ; Castelain Meunier, 1992[3]), et cela, quelle que soit la situation conjugale du père (qu'il soit ou non séparé de la mère de l'enfant).

Dans le cas de ces pères séparés qui constituent l'objet de notre étude, on peut distinguer trois types d'échanges téléphoniques : l'échange animation-plaisir ; l'échange frustration, car hors vis-à-vis ; l'échange déplaisir, surinvesti négativement.

a) L'échange animation-plaisir

Les liens téléphoniques permettent au père de rappeler à l'enfant qu'il se soucie de lui, de son bien-être, qu'il pense à lui. Perspective d'autant plus tangible que les visites de ses enfants sont espacées et que la distance kilométrique qui les sépare est élevée[4]. Toutefois, la proximité ou la distance n'influent pas sur la fréquence des appels.

Prendre des nouvelles de l'enfant, se tenir au courant de ses activités, de sa scolarité, de sa santé, constituent le leitmotiv des

1. M. Segalen, *Sociologie de la famille, op. cit.*

2. F. de Singly, *Le soi, le couple et la famille,* Paris, Nathan, « Essais et recherches », 1996, 256 p.

3. C. Castelain Meunier, *Cramponnez-vous les pères !, op. cit.*

4. Ce qui n'est pas toujours synonyme. Il arrive que le père plus éloigné géographiquement voie ses enfants plus fréquemment que le père dont la résidence est proche de celle de l'enfant. Tout dépend du mode d'attribution du calendrier de jours de garde au père.

pères qui, de plus, éprouvent un grand plaisir à téléphoner. Les échanges varient en fréquence et en durée.

Ils peuvent être brefs et leur fréquence varie d'un père à l'autre. C'est le cas de ce père de 34 ans, cadre, dont le fils a 17 mois et demi, et à qui il téléphone tous les jours entre 17 heures et 22 h 30. Le lien téléphonique est alors comparé à un fil ténu qui permet de maintenir le contact sensoriel par voie auditive dans une dimension plus proche du lien biologique et de la vocalise que de l'argumentaire et de la verbalisation. « Pour qu'il se souvienne de ma voix », écrit le père, heureux d'entendre les babillements de son fils qui habite à 300 km et qu'il voit un week-end tous les quinze jours.

C'est aussi le cas de ce père enseignant (35 ans, séparé depuis trois ans), ou encore pour celui-ci, dont l'enfant vit en Italie à 1 500 km et à qui il téléphone une fois par semaine (en général vers 13 heures). Les échanges sont alors réduits au minimum pour ne pas « alourdir une facture qui est déjà explosive ». « Les conversations se passent bien », même si parfois son fils de 7 ans et demi « est pressé de partir, car il était en train de faire quelque chose qui l'intéressait beaucoup ». C'est l'occasion, pour ce père de 50 ans, maître de conférences à l'Université, éloigné de 500 km de son enfant, de poser des questions à sa fille de 4 ans : « Ce qu'elle fait à l'école, si ça va, si elle est malade, ce quelle préfère... » Il est heureux de l'entendre lui dire, à la fin : « Je te fais un gros bisou. » Il ne téléphone pas régulièrement, mais généralement le matin ou au cours du week-end.

Tout motif peut être bon pour cet ingénieur de 45 ans qui téléphone deux fois par semaine à ses deux enfants. Il le fait quand « il veut », « pour avoir de leurs nouvelles, savoir ce qu'ils font », « connaître les problèmes scolaires, affectifs, les relations avec les copains... » Ses enfants (dont il n'a précisé ni l'âge ni le sexe) l'appellent aussi pour avoir de ses nouvelles, « pour une aide en maths ou en français ». « Ils me racontent leur chagrin ou leur joie », « les conversations sont longues, et super ».

On est tenté de comparer le père qui téléphone à un animateur cherchant à impliquer l'enfant dans une relation affective à distance et chercherait à se faire ainsi une place dans la vie quotidienne de l'enfant.

Ce père de 55 ans, ingénieur-conseil, se remémore les conversations téléphoniques avec sa fille de 7 ans à qui il téléphone une fois par semaine et dont il est éloigné de 500 m. Il rend compte de la variété des registres de l'échange et des adaptations qu'il est conduit à faire en fonction des activités et des réactions de l'enfant. Il est aussi sensible au fait que l'enfant doit se livrer souvent, lors de son appel, à des activités concomitantes. Il doit se représenter alors l'environnement de l'enfant et le contexte qui le spécifie au moment de l'appel. Ces échanges incluaient « de la spontanéité », « du plaisir », « de l'information sur les événements récents ». Il y avait « peu de conventions ». Le contenu des conversations était « le plus souvent dissocié de la séparation physique et du conflit parental ». « Le motif d'appel est souvent anodin. » Un exemple de prétexte à l'appel peut être « les héros de télévision, un jouet récent, un spectacle avec la mère ou des amis... ». « L'échange dure quinze minutes, et après l'épuisement du thème d'appel il est rare que l'échange prenne fin. Les thèmes de l'enfant s'intercalent entre les miens. Je ne freine pas l'enfant, qui impose un thème en me coupant la parole, par impatience, lors de ma respiration. » « Une prise de parole est souvent la suite du thème précédent, car interrompu par l'enfant, impatient d'aborder un autre thème. Les thèmes de l'enfant sont souvent dans une succession imprévisible et assez peu suscités par les contenus de l'échange. » « Si ma fille a été dérangée par mon appel, elle l'annonce après cinq ou dix minutes, le motif est toujours l'émission de télévision qu'elle continue de regarder pendant l'échange (car la localisation dans la pièce le permet). L'enfant résume alors l'intérêt de la séquence au cours de l'émission (attention, Lucky Luke va bientôt..., etc.), cite quelques autres personnages et leurs actes étonnants... » « Si je ne réagis pas tout de suite pour écourter l'échange, alors que ma fille a tout fait pour en démontrer l'urgence..., sa voix plus rapide démontre l'impatience. J'arrête alors sans insister, avec humour. » « Avant de quitter ma fille, je l'invite à me rappeler le plus souvent possible, le répondeur prendra les messages. » « Sur le répondeur messager (la mère n'en dispose pas), sur le mien, ma fille précise toujours un motif d'appel, le plus spontané étant : “Je voulais te parler comme ça” ; avec une voix attristée par mon absence, elle demande que je la rappelle. » « Il n'y a aucune datation ou heure d'appel, bien sûr. » « Les paroles affectives (je t'embrasse), je les prononce souvent en premier. Ma fille répond à son tour. Elles ne sont possibles qu'en fin d'échange, car elle impose son premier thème, qu'elle appelle ou non, avec une voix précipitée : "Tu sais, j'ai vu..., etc." » « Ma fille, à l'approche du jour de visite, me le rappelle, précise le jour : "À dimanche", avec l'heure du rendez-vous. »

Le récit fait par ce père, à partir de morceaux de conversation recomposés, rend compte de la manière dont cet échange s'inscrit dans le quotidien de l'enfant, avec ses réactions immédiates, son émotion, son rythme vocal, ses intonations, qui influent directement sur la conduite de la communication.

Si l'usage du téléphone peut être placé sous le signe du plaisir, permettant d'adapter l'échange par l'écoute et les relances accompagnant la spontanéité de l'enfant, il est aussi perçu par d'autres comme source de frustrations, dans une souffrance inhérente au fait qu'il signifie le manque de relation directe.

b) L'échange frustration, car hors vis-à-vis

La frustration liée à l'absence de relation directe *de visu* semble proportionnelle à la richesse qui émane de la présence d'un enfant dont on peut suivre les expressions, la gestualité, et envers qui peuvent se manifester des témoignages d'affection ou d'attention. La teneur des conversations s'en ressent d'autant plus que l'expression de la sensibilité est difficile au téléphone pour un enfant et, pour des raisons différentes, pour un adulte. Ce dernier se sent souvent en « porte-à-faux ».

La situation d'échange n'est pas un cadre naturel d'expression pour l'enfant. « Ce n'est pas un moment privilégié de communication. » « Ma fille s'exprime beaucoup plus dans un contexte naturel », dit ce professeur de 45 ans à propos de sa fille de 9 ans[1]. Il n'a pas de jour et d'heure pour téléphoner. Il téléphone pour « l'organisation de son temps chez l'un ou l'autre, les loisirs, le travail scolaire ».

C'est un sentiment identique qui anime cet autre père d'une fille de 9 ans qui constate une différence profonde entre l'échange téléphonique et la relation *de visu*[2]. Il téléphone

1. Il est séparé depuis sept ans, vit en couple, habite à 15 km de sa fille, qu'il voit un week-end sur deux.

2. 32 ans, technicien du spectacle, séparé depuis douze mois, vit seul, habite à 2 km de sa fille qu'il voit chaque semaine.

chaque jour mais n'a pas d'heure fixe. Il téléphone « pour maintenir un suivi de relation lorsque nous ne nous voyons pas », mais « le dialogue est artificiel. C'est un minimum pour entretenir la relation, mais le lien s'effectue vraiment l'un devant l'autre physiquement ». La spontanéité peut blesser et ranimer la sensibilité en même temps que la retenue peut faire souffrir et donner l'impression que la relation s'appauvrit, d'autant qu'il s'agit d'enfants et que cela concerne le lien affectif. Cela peut même être ressenti de manière très douloureuse.

Ce père de trois enfants met surtout l'accent sur la frustration qu'il ressent au téléphone. « L'accès est aisé, l'habitude est prise, les échanges sont réguliers, ceci étant la communication téléphonique relève plus de l'échange d'informations, c'est donc frustrant. »[1] Il téléphone tous les dimanches soirs. Les discussions avec son fils concernent « les activités de la semaine écoulée, beaucoup de factuel ». « Je parle souvent plus que lui. J'essaie de maintenir la complicité et l'humour. Ce n'est pas facile. » « Depuis que je suis séparé de ma femme, j'ai toujours eu à lutter contre l'éloignement pour préserver un contact privilégié avec mes enfants que je ne pouvais voir régulièrement, c'est-à-dire à intervalles rapprochés. » « J'ai donc eu recours au téléphone [...]. Celui-ci m'a certes aidé, mais la communication téléphonique est en même temps si pauvre, si incomplète, si frustrante, lorsqu'on a au bout du fil des enfants de 6 ans, 8 ans, que j'en ai beaucoup souffert. Une grande partie de la communication se fait avec des gestes, des silences, des regards, du contact, tout cela est absent au téléphone ; le silence est proscrit car insupportable, incompréhensible... Il faut parler. Le téléphone permet sans doute de maintenir un lien ténu, mais c'est aussi un subtil instrument de torture. »

Cet artisan[2] (restaurateur en peinture) de 42 ans voit ses enfants un week-end sur deux, sachant qu'ils ne dorment chez lui, cependant, que 50 nuits environ par an. Il est père de trois enfants dont deux filles qui ont respectivement 13 et 10 ans, et un garçon de 9 ans. Ses propos reflètent le point de vue d'autres

1. Enseignant, 47 ans, trois enfants issus de deux mères : deux filles (2 ans, 17 ans) qui vivent avec lui, un garçon de 14 ans qui ne vit pas avec lui. Il est séparé depuis huit ans et vit actuellement en couple, habite à 900 km de son fils qu'il voit environ tous les quatre mois, sur une durée de deux mois et demi par an.

2. Il vit seul, habite à 6 km de ses enfants, est séparé de sa femme depuis cinq ans.

pères soucieux de se tenir au courant du vécu des enfants alors que la situation s'y prête mal, d'autant plus qu'elle concerne les relations à distance avec plusieurs enfants. Il se demande alors : « Comment rester un véritable père, lorsqu'on n'est plus au courant de rien ? Le téléphone, bien qu'étant le seul moyen souvent pour rester en relation avec ses enfants, nous transforme aussi en père virtuel. »

C'est la référence à la notion d'autorité qui est faite, et la difficulté ressentie à l'exercer quand on ne partage pas le même quotidien. Le téléphone alors ne permet pas véritablement de jouer un rôle paternel dans ce sens. Cela transparaît lorsqu'il fait allusion à la teneur des conversations téléphoniques. Il téléphone souvent, sans pour autant avoir de jour fixe, mais à heure régulière, celle des repas, vers 19 h 30, « pour garder le contact (ou essayer), prendre des nouvelles, organiser les week-ends de garde, rester au courant des activités scolaires ». Il constate que les conversations se passent bien « tant que nous trouvons des choses anodines à nous dire ». C'est un sentiment assez général lorsque les enfants grandissent, lorsqu'ils téléphonent, c'est pour demander quelque chose au père, ou alors pour décommander les jours de garde, car ils sont « avec des copains », mais il semble en tout cas difficile d'exercer une autorité entre les visites et les échanges téléphoniques. On est assez loin des situations qui mettaient en scène l'autorité du père à la seule évocation de son nom ou du son de sa voix.

Les attentes affectives des pères à l'égard de leurs enfants, derrière les échanges téléphoniques, sont patentes. Ils souffrent alors du manque de la présence de leurs enfants, qui leur est d'autant plus cruelle qu'ils sont petits et leur parlent au téléphone. Ainsi, pour ce père, ingénieur, de 35 ans[1], les conversations « ne se passent jamais mal, parfois gaiement, mais parfois l'absence affective de l'enfant est difficile à supporter ». Le répondeur est perçu dans ce sens comme un écran qui tétanise les affects ou dilue la spontanéité et rappelle au père son exclusion. « Il faut dénoncer les avantages et les défauts du répondeur téléphonique qui impose une forme de laisser-passer qui tue encore un peu plus toute spontanéité, qui éloigne aussi les

1. Il vit en couple, est séparé depuis trois ans et vit à 650 km de son fils de 5 ans qu'il voit une fois tous les deux mois, à qui il téléphone le mercredi et le dimanche.

enfants du parent “qui n’est pas là” : “Nous ne sommes pas là... veuillez nous laisser un message...?” » (artisan, déjà cité, de 42 ans, père de trois enfants).

C’est aussi la souffrance de la séparation en général qui se trouve réactivée et les échanges qui semblent ternes à cet enseignant de 52 ans (père de deux filles de 15 et 14 ans[1]). Il appelle « pour garder le contact, savoir ce qui se passe, parce qu’il est normal qu’un père ou une mère parle à ses enfants ». Les conversations se passent « sans problèmes puisqu’elles reposent sur des habitudes, des besoins, et sont complétées par des droits de visite fréquents, mais c’est dur quand même, même après huit ans de séparation ».

En règle générale, les pères sont nombreux à ressentir de la tristesse face aux difficultés qu’ils rencontrent quand il s’agit de dire à leurs enfants, au téléphone (et ce d’autant plus que les enfants sont jeunes ; mais lorsqu’ils sont grands, d’autres difficultés se présentent, plus existentielles), qu’ils les aiment. Ils sont contraints à la retenue ou à l’échange banalisé et anodin qui contraste avec leurs affects et leurs élans. On s’éloigne des représentations classiques du père froid et peu communicatif. Mais peut-être le besoin de manifester sa tendresse est-il aussi exacerbé à force d’être empêché et contenu, comme le mentionnent ces autres pères qui ne se sentent pas libres dans l’échange, et qui vivent très mal le fait que les conversations donnent le sentiment d’être « sous contrôle ».

c) L’échange déplaisir, car surinvesti négativement

Le passif de la rupture demeure douloureusement présent dans les mémoires, et les rapports téléphoniques s’en ressentent, même si les ex-conjoints ne communiquent pas directement l’un avec l’autre. Le contexte téléphonique est alors marqué de différentes manières.

Dans le cadre de conduites pathologiques paternelles réelles ou soupçonnées de l’être (la frontière est parfois floue), le lien

1. Qui vit seul, habite à 5 km de ses filles qu’il voit un mercredi par semaine et un week-end sur deux. Il téléphone le week-end où ses filles ne sont pas chez lui et le lundi et le vendredi entre 19 heures et 20 heures.

téléphonique avec les enfants sera d'autant plus empêché qu'il peut renvoyer à une forme d'intrusion pouvant atteindre la profondeur du psychisme enfantin. Le ton de la voix, chuchoté ou fort, par exemple, le poids des mots... ont un impact émotionnel d'autant plus intense que le coup de fil relève d'une dynamique pathologique de la part de l'appelant. L'effet perturbateur est d'autant plus fort qu'il intervient de manière soudaine et inattendue, dans le huis clos du foyer.

Pour ces raisons peut-être, alors que les visites sont tolérées, les échanges téléphoniques peuvent ne pas l'être. Dans le cadre de la triangulation père-mère-enfant, même si les deux parents sont séparés, lorsque le père est l'appelant extérieur et que la mère est présente au moment de l'appel, celle-ci ne peut intervenir à cause de la distance physique et du « hors »-champ visuel, dans les propos du père. Certes, la conversation peut être écoutée, ou l'on peut interférer en l'interceptant et en coupant, mais cela demande une très grande vigilance et, là encore, la perturbation émotionnelle liée à l'interruption brutale risque d'être très forte.

À tort ou à raison (nous ne pouvons qu'en prendre acte), des pères se sentent empêchés dans la communication avec leurs enfants.

Il y a d'abord des cas très lourds, relevant de la pathologie, et chargés très négativement pour l'enfant, auxquels nous faisons référence par souci d'honnêteté, mais aussi afin qu'on ne feigne pas de les ignorer.

Ainsi, quelques pères déchus de l'autorité parentale ne peuvent bien évidemment pas téléphoner. Tel celui-ci, 47 ans, animalier de profession dans un centre d'insémination porcine, père de six enfants[1]. Il n'a plus de liens avec ses enfants. Plusieurs autres sont en procès pour accusation très grave [d'inceste] (un ingénieur, un responsable d'entretien dans un parc ornithologique[2], un retraité[3]). D'autres encore sont en instance de divorce ou en révision de procès pour réaménagement des jours de garde

1. Deux garçons de 24 et 16 ans, quatre filles de 22, 17, 14 et 10 ans. Il vit seul, habite en Bretagne à 15 km de ses enfants. Il est séparé de sa femme depuis trois ans. Les raisons de la déchéance de son autorité ne sont pas précisées.

2. 35 ans, père d'une fille de 12 ans et d'un garçon de 10 ans, séparé depuis six ans, vit en couple à 300 km de ses enfants.

3. Père d'une fille de 4 ans, il vit seul, à 300 km, est séparé depuis trois ans.

ou pour non-présentation d'enfant de la part de la mère, ou encore pour réajustement de pension alimentaire, mais ils ne peuvent pas téléphoner. Un père[1] voit son enfant au commissariat en attendant que la situation se débloque ; deux autres le rencontrent dans une association « point rencontres »[2]. Pour l'un des deux, lorsqu'il téléphone, « les deux grands me disent que ce qu'ils font ne me regarde pas et ne m'intéresse pas, et d'autre part la mère ou eux-mêmes refusent de me passer la plus petite en prétextant qu'elle n'a pas envie de me parler. Tant et si bien que maintenant, leur téléphoner est tellement difficile psychologiquement que j'ai arrêté de le faire ».

Mais d'autres situations difficiles ou dramatiques pour les enfants sont évoquées aussi. Un jeune adolescent placé dans un centre spécialisé, mais à qui il est plus facile au père de téléphoner qu'à « la maison », ou une adolescente ayant fait une tentative de suicide. Il y a aussi quelques pères (très peu nombreux) qui communiquent sans problème avec un enfant qu'ils ont eu avec une femme, mais pas avec celui qu'ils ont eu d'une autre femme, ou encore avec un enfant plutôt qu'un autre. Existent aussi quelques cas d'enfants qu'il est impossible de joindre car ils ont disparu avec la mère, parfois à la naissance, ou encore lorsque la mère a quitté brutalement le domicile sans laisser d'adresse ni de numéro de téléphone.

Au-delà de ces situations difficiles existent plus généralement celles qui rendent compte d'empêchements « matériels » à la communication. La mère peut être sur liste rouge (8 sur 166 sont dans ce cas) ou branche le répondeur 24 heures sur 24. Quand les pères se voient empêchés de téléphoner par la mère, ils s'insurgent contre ce qui leur semble porter atteinte au « besoin psychologique », « au droit affectif des enfants », « au maintien de repère des pères ». Ainsi s'exprime cet étudiant infirmier de 33 ans, qui a trois enfants : deux garçons de 12 et 9 ans et une fille de 7 ans[3].

1. Technicien en électronique de 42 ans, a deux filles de 5 et 2 ans. La mère « refuse » qu'il téléphone et il ne connaît pas son numéro. Il souhaiterait savoir s'il est possible de « pouvoir téléphoner à ses enfants par le biais d'une ordonnance judiciaire ».

2. Un chauffeur de 42 ans, père d'un garçon dont l'âge n'est pas précisé ; un père de 37 ans, médecin généraliste qui a deux filles (16 et 6 ans) et un garçon de 15 ans.

3. Il voit ses enfants tous les 15 jours, le week-end et la moitié des vacances scolaires. Il vit seul, est séparé depuis deux ans, et habite à 70 km de ses enfants. Son ex-femme est sur liste rouge et a interdit récemment l' « accès au téléphone ».

Ces propos résument ceux d'un grand nombre de pères qui rencontrent de nombreuses difficultés, voire d'empêchements, à téléphoner. Peut-on y voir la défense par la mère de son espace privé, de l'intimité avec les enfants, de leur intimité et intégrité respectives, ou l'expression des réminiscences de conflits conjugaux difficilement dépassés et douloureux ? Il s'agit du respect de l'espace privé de chacun des ex-conjoints et des enfants, ainsi que de la conception qu'ont aujourd'hui de celui-ci les acteurs concernés mais aussi la justice lors de la délimitation des droits et des devoirs de la mère, du père[1], du respect des droits des enfants.

Les réponses et les pratiques face à l'empêchement de téléphoner diffèrent et rendent compte des critères et fluctuations qui accompagnent la délimitation contemporaine des frontières entre le privé et le public ainsi que des systèmes de protection qui existent aujourd'hui autour de l'enfant[2].

Les enfants « ne peuvent pas parler librement » est une phrase leitmotiv. Le handicap ainsi désigné à l'échange est la mère. Car elle branche le répondeur, ne passe pas volontiers l'enfant ou, en fonction de son humeur, branche le haut-parleur, car elle est « intrusive » dans la conversation. La mère est alors accusée de rendre les relations téléphoniques difficiles. Ces reproches reflètent sans doute des tensions qui persistent, ainsi que les appréhensions qui accompagnent les échanges téléphoniques après une rupture conjugale. Ils reflètent aussi des états d'esprit et renvoient à des interrogations sur l'imaginaire téléphonique dans de telles situations et sur la propension pour certains hommes à se représenter « l'autre » qui échappe à la vue, sur le mode de la

1. On est frappé de constater que certains pères, face à l'empêchement de téléphoner, ont entrepris une requête en justice, ou s'apprêtent à le faire, pour obtenir le droit de téléphoner, ou que l'enfant les appellent un jour et une heure convenus de la semaine. Cet ingénieur de 36 ans, père d'une fille de 4 ans et d'un garçon de 5 ans, s'apprête à demander lors du prochain jugement (il est séparé depuis quinze mois) le droit de téléphoner à ses enfants, qu'il voit par ailleurs un week-end sur deux et la moitié des vacances. Certains ont obtenu gain de cause ; d'autres, un refus au nom du respect de la vie privée. Face à ces difficultés, d'autres pères ont procuré à leurs enfants des cartes téléphoniques pour qu'ils les appellent : c'est le cas d'un père de 46 ans qui vit seul et habite à 1 100 km de ses deux enfants dont il est séparé depuis deux ans. Enfin, un autre envisage, lorsque son enfant grandira, de lui acheter un téléphone portable (sa fille a actuellement 2 ans, il est agent EDF, a 47 ans, vit en couple, habite à 70 km). Un autre encore a écrit au proviseur de l'école de son fils pour obtenir qu'il l'appelle du lycée, alors qu'il ne pouvait l'appeler et n'avait obtenu aucune nouvelle de lui en réponse à ses lettres, à ses cadeaux.

2. Qu'il serait intéressant d'explorer plus largement en soi et en matière de téléphone.

toute-puissance dans les rapports à l'enfant, d'autant plus qu'il se sent « dehors ». C'est aussi le reflet de la difficulté devant laquelle se trouvent les parents à devenir autonomes dans leur relation à l'enfant, et à se responsabiliser pour lui faire une place honorable en respectant la tranquillité de celui qui vit dans l'espace privé avec l'enfant et la liberté de l'autre en le laissant téléphoner tranquillement, l'appelant pouvant sembler trop extérieur, et la personne qui se trouve à côté de l'enfant trop « fusionnelle ».

Quoi qu'il en soit, les échanges sont perçus par certains pères comme difficiles et surinvestis négativement. Car « elle ne veut pas que mon enfant m'appelle », ou alors « mon épouse impose d'abréger la conversation », ou encore, écrit ce père de 34 ans, assistant de cinéma, père d'un garçon de 5 ans, « elle impose des horaires stricts »[1].

Ce père de 50 ans, mécanicien SNCF, qui a une fille de 6 ans[2], fait état du refus systématique de la mère : « L'enfant est dans son bain, ou alors il est parti chez ses grands-parents... » Pour cet homme de 31 ans, cadre, qui a un garçon de 4 ans[3], « on sent que la mère est derrière le téléphone et, parfois, elle lui dit ce qu'il doit dire. Ce n'est jamais une conversation libre ». Ce technicien en électronique de 33 ans, père d'une fille de 10 ans et d'un garçon de 7 ans, appelle « même si la mère ne veut pas... » ; « de plus, elle écoute les conversations et intervient ou coupe la parole si cela ne lui plaît pas, les enfants n'osent pas parler ». À cet agriculteur de 37 ans, qui a un garçon et une fille (dont il ne précise pas les âges), les enfants téléphonent « souvent hors de la présence de la mère »[4]. Pour cet employé SNCF de 37 ans, père d'une fille de 14 ans, « sa mère a une emprise sur sa fille telle qu'elle n'ose pas me parler librement. De plus, sa mère écoute les communications téléphoniques », « les conversations sont alors brèves, ma fille n'étant pas très bavarde, c'est moi qui anime la plupart du temps les rares conversations »[5]. Téléphoner en risquant de « tomber » sur la mère est un problème pour cet homme de 54 ans, ingé-

1. Séparé depuis un an, habitant seul à 15 km de lui, et qui voit son enfant un week-end sur deux depuis qu'il n'est plus en tournage.

2. Il est seul, séparé depuis six ans, habite à 2 km.

3. Il est séparé depuis deux ans et vit seul. La mère habite en Suisse, à 500 km de chez lui. Il a son enfant soixante à soixante-dix jours par an.

4. Ils habitent à 3 km du père.

5. Il habite à 100 km, vit en couple, est séparé depuis douze ans.

nieur, père d'un garçon de 17 ans et d'une fille de 19 ans[1]. Pour cet ouvrier « monteur tuyauteur » de 36 ans, la mère ne laisse pas son enfant « avoir des communications avec lui ». Ou encore pour ce militaire de 31 ans, père d'un garçon de 8 ans, « la mère raccrochait quand elle reconnaissait ma voix », « toute communication était impossible ». Aujourd'hui, il a la garde de son fils depuis un an. Il constate, par ailleurs : « Sa mère n'a pris aucune nouvelle de notre fils, pas une lettre, pas un coup de fil, alors que je lui transmets tous les renseignements concernant ma nouvelle vie. » La situation était identique pour cet ingénieur de 48 ans, qui ne pouvait téléphoner à ses trois enfants (issus de deux mères différentes) dont il a aujourd'hui la garde. Pour ce chauffeur-routier de 35 ans, c'est un problème que ce soit le nouveau mari de la mère de l'enfant qui réponde, d'autant que celle-ci ne veut pas qu'il appelle son fils de 5 ans. Ou encore pour cet homme qui tombe sur l'amie de son ex-femme.

La question de la place et du rôle du père séparé lorsqu'il téléphone se pose d'autant plus que son extériorité le marginalise et renforce son sentiment d'inutilité, d'intrusion, d'évanescence.

On pourrait penser que la liberté et la propension à téléphoner sont fonction du temps que les enfants peuvent passer par ailleurs avec leur père. Or il n'existe aucune corrélation en la matière. Ce n'est pas parce que le père héberge souvent l'enfant qu'il pourra lui téléphoner chez sa mère. Il peut l'héberger 110 nuits par an (à raison d'un week-end sur deux), comme c'est le cas pour cet autre chauffeur-routier[2] ; ce n'est pas pour autant que des échanges téléphoniques pourront avoir lieu. Il en est de même pour ce responsable en informatique de 50 ans, qui héberge son enfant 100 nuits par an : la mère « refuse » de donner son numéro de téléphone, ajoutant : « Elle a l'accord du juge aux affaires familiales. »[3]

La tristesse est grande pour ce père, technicien du spectacle (maquilleur, coiffeur), qui ne peut téléphoner à son fils de 7 ans et demi (alors qu'il le voit et l'héberge les jours de garde), et qui,

1. Il est séparé depuis six ans, habite à 20 km et vit en couple.

2. Il habite à 1 km.

3. Il habite à 6 km. Son amertume est d'autant plus grande que, depuis que sa fille est née, il s'en « occupe ». « J'ai pris une année à mon compte, l'année de sa naissance : aujourd'hui, elle a 5 ans et demi. Je me sens capable et le courage de demander au juge la garde de ma fille », dit-il.

lorsqu'il ramène l'enfant, aperçoit « une main le saisir » et le portail se refermer sur « sa silhouette ». Cette interdiction de téléphoner est d'autant plus difficile à supporter qu'elle interdit tout échange d'information et handicape l'enfant « lorsqu'il a oublié ses médicaments pour le week-end alors qu'il a une forte angine. On ne peut pas téléphoner à la mère pour connaître la prescription ». Lui et sa compagne[1] se remémorent par ailleurs l'événement qui a été marqué d'une croix dans le calendrier : le jour où l'enfant a téléphoné « en cachette de sa mère : "Coucou, c'est moi, je vous téléphone très vite, je vais raccrocher..." ». « Il voulait parler à tout le monde... à ses deux grandes sœurs dont j'ai la garde... » Il ajoute que « lorsqu'il est en vacances, plusieurs semaines avec moi, sa mère n'appelle jamais ». On est parfois loin de l'image répandue de la mère pendue au téléphone pour prendre des nouvelles de son fils.

Rappelons que, au-delà des pathologies lourdes, ces pères séparés tiennent à communiquer avec leurs enfants, même lorsqu'il y a surinvestissement négatif et qu'ils sont « empêchés ». Ils maintiennent leur volonté de téléphoner plus souvent pour marquer leur présence, maintenir le lien affectif et la communication individuelle que pour faire preuve d'autorité dans la vie de leurs enfants. Les aspirations qu'ils expriment ou les difficultés qu'ils ressentent confirment le fait que la paternité, aujourd'hui, a tendance à devenir relationnelle dans un contexte marqué par des attentes identitaires et affectives. Ces aspirations se révèlent d'autant plus difficiles à concrétiser qu'il y a eu une rupture conjugale douloureuse, d'où la souffrance ressentie. L'enfant peut alors, comme l'écrit un des pères, être pris en « otage » par ses parents, même longtemps après la rupture du lien conjugal.

En général, les relations téléphoniques des pères ne cadrent pas avec les représentations traditionnelles des hommes au téléphone. Celles-ci ne correspondent pas au contraste décrit cependant très justement par Sonia Livingstone (1996[2]) : « Le téléphone était pour les femmes une source vitale d'engagement émotionnel, un rapport avec les amies et la famille... [...] Ceci

1. Sachant qu'il a répondu au questionnaire et que nous nous sommes entretenus au téléphone avec sa compagne.

2. S. Livingstone, « La signification des technologies domestiques. Une analyse des constructions mentales individuelles dans les relations familiales entre les sexes », *Réseaux*, n° 79, sept.-oct. 1996, p. 39-56.

contraste fortement avec l'hostilité fréquemment exprimée par les hommes ou avec leur manque d'intérêt à l'égard du téléphone, souvent interprété sous son aspect fonctionnel, dont les propriétés sont celles d'un appareil peu séduisant. [...] Pour les hommes, les communications téléphoniques sont purement fonctionnelles. » Dans les situations particulières que nous décrivons, on remarque des glissements dans les attitudes des pères, qui indiquent des changements à la faveur des nouvelles situations qu'ils vivent. Les questions posées par les pères, mais surtout les précautions, les modes de relance, leur souci d'adaptation... participent d'une communication compréhensive, d'une écoute bienveillante, attentive, affectueuse. Source de plaisir pour les uns, frustration pour les autres, qui ressentent surtout le désagrément inhérent à une relation jugée appauvrissante, hors « vis-à-vis », et qui souffrent d'une situation dans laquelle le téléphone peut devenir un « subtil instrument de torture ». Situation qui leur donne un rôle plus « virtuel » que réel et leur signifie leur exclusion du lieu « de vie », où ils appellent. Car c'est en majorité eux qui appellent, les enfants leur téléphonent peu, voire, pour certains, « jamais ». Les pères appelants soutiennent d'autant plus la conversation que c'est la relation à l'enfant qui constitue, ici, le moteur du lien. Ils peuvent alors représenter un support relationnel important dans le repérage et l'identification de l'enfant, sa construction psychique, en lui permettant de verbaliser ses affects, de parler de lui, dans un rapport d'écoute privilégié. L'interaction téléphonique père-enfant peut alors permettre la contribution du père séparé à la subjectivation de l'enfant, participant en même temps au développement d'une conscience paternelle plus subjectivée. Les liens téléphoniques témoignent aussi des glissements qui peuvent s'effectuer dans la répartition des rôles entre le père et la mère séparés. De même que le père était autrefois surtout symbole d'autorité et/ou de partage d'activité cognitive et ludique, de même le père séparé pourrait contribuer, dans une société dite de communication où l'enfant est plus sollicité comme sujet, à consolider son identité dans le cadre du lien intimiste téléphonique.

C'est peut-être aussi l'une des raisons pour lesquelles les conversations téléphoniques peuvent être aussi surinvesties négativement par la personne qui partage le domicile principal de l'enfant. Les échanges sont alors perturbés, si l'on se réfère à Habermas, pour qui « les actes de langage intègrent nécessairement l'entente intersubjective »[1]. À cette raison éventuelle, il convient bien sûr de ne pas oublier de mentionner l'importance des traces des blessures affectives, narcissiques, chez chacun des ex-conjoints, ou plus particulièrement chez l'un d'entre eux. Les propos, le débit, les « blancs » ou silences, le désinvestissement apparent de l'enfant derrière ses propos, tels qu'ils sont décrits par les pères ayant le sentiment que l'enfant est sous surveillance, s'en ressentent. Les mères interviennent peut-être aussi d'autant plus que le téléphone peut leur donner le sentiment d'être, à leur tour, exclues de la conversation, d'une complicité qui leur échappe et qu'elles redoutent parfois à tort ou à raison. Mais c'est peut-être aussi parfois parce qu'elles ont du mal à supporter que des modalités d'identification de l'enfant leur échappent. Peut-être redoutent-elles aussi que le père n'inverse les rôles entre lui et l'enfant et ne se fasse « porter », à son tour, affectivement par l'enfant, le lien téléphonique, que l'on a coutume de comparer à un cordon ombilical, devenant alors un curieux instrument reliant le père et l'enfant. L'étude auprès des mères des enfants se révélerait à son tour certainement riche d'informations intéressantes, ainsi que l'étude des liens téléphoniques entre les enfants et les pères non séparés, donc gardiens au même titre que leur conjointe.

7) Les associations de pères : légitimité et paradoxe

On s'interrogera sur les raisons qui permettent d'expliquer pourquoi les revendications émises par les associations de pères ont des difficultés à se faire entendre. Celles-ci concernent, entre autres, le droit à éduquer leurs enfants, au-delà du versement de la pension alimentaire et de la restriction du droit de garde. On s'interrogera d'autant plus que ces revendications traduisent un malaise collectif et révèlent de grandes souffrances.

1. F. Clément, L. Kaufmann, *op. cit.*, p. 151.

Plusieurs hypothèses peuvent être émises :

— les revendications ne sont pas crédibles et légitimes ;
— les revendications ne concernent qu'une minorité de pères qui se définissent sur le mode de la victimisation par rapport à la crise conjugale ;
— les revendications révèlent de nombreuses contradictions dans le cadre de l'exercice de la paternité contemporaine qui renvoient de fait à des changements qui concernent les rapports de pouvoir entre les sexes concernant l'enfant, en particulier la distribution des rôles entre l'homme et la femme.

a) « Usurpateur ». Une légitimité en manque de crédibilité

Les associations de défense de la paternité regroupent plusieurs milliers d'adhérents, alors que la séparation conjugale concerne plusieurs millions d'individus. Tous les pères séparés ne sont évidemment pas devenus militants d'associations. On est frappé du fait que les revendications des pères réunis en associations s'appuient sur la notion d'égalité en termes de partage de rôles avec la mère, alors que cette connotation renvoie au domaine inégalitaire des fonctions biologiques et à l'organisation sociale, culturelle, juridique et politique de cette différence. De fait, ces revendications concernent aussi l'entretien des besoins de l'enfant dans la sphère privée, communément associée à la femme.

Lorsque l'on se réfère à l'histoire des pères, on ne peut s'empêcher de constater à quel point celle-ci est marquée par le clivage qui a traversé la société industrielle, avec la hiérarchisation du public dominant le privé et définissant l'homme dans une position de supériorité, d'extériorité au foyer. Dans la société postindustrielle, si le clivage se maintient, les femmes apparaissent comme les actrices « privilégiées » (avec la double journée) de l'articulation entre la sphère privée et la sphère publique (Commaille[1]). La mère apparaît comme l'acteur principal dans la relation éducative à l'enfant par ses spécificités biologiques, relationnelles, culturelles. Dans le même temps, le père, n'étant plus

1. J. Commaille, *Les stratégies des femmes. Travail, famille et politique*, Paris, La Découverte, 1994.

défini par rapport à la *pater potestas,* est sollicité sur un registre qui renvoie de fait à une désinstitutionnalisation de son rôle, alors que les réactions sociales et les interventions de l'État intègrent, encore trop peu, cette nouvelle forme d'affirmation de la paternité. Tout se passe comme si l'on reprochait au père ses insuffisances à la suite de la dénonciation des « carences paternelles » (Hurstel, de Parseval[1]) et qu'on ne lui donnait pas les moyens de développer sa paternité autrement. Cela constitue l'un des paradoxes dans lesquels s'inscrit la paternité contemporaine.

Les revendications des pères d'être parent à égalité avec la mère ont du mal à paraître légitimes et à faire consensus. Pourtant, elles soulèvent un vaste problème contemporain avec la déresponsabilisation des pères, à qui l'on retire ou limite facilement le droit de garde tout en les sollicitant dans leur rôle nourricier. Cette contradiction est soulevée par les pères des associations, qui se demandent comment accepter d'être défini par une fonction (nourricière) alors que l'exercice même de la fonction est rendu difficile par la limitation du droit de garde.

La revendication d'être reconnu à égalité avec la mère se heurte à de nombreux obstacles liés à la confusion entre la reconnaissance des droits, l'identification des moyens et des fonctions. Les associations entretiennent l'ambiguïté en prétendant que le père « gardien » peut se substituer à la mère. Les mentalités résistent à la notion d'interchangeabilité entre ces acteurs de sexe différent. La confusion augmente d'autant qu'il n'existe pas de consensus entre les pères... Ils sont loin de manifester à l'unanimité qu'ils désirent prendre l'enfant en charge dans leur espace domestique.

La revendication des pères d'être à égalité avec les mères manque de vraisemblance et de crédibilité. Le malaise est à l'origine de la formation des associations de pères (1975), qui s'inscrivent dans la continuité du féminisme et des revendications des femmes d'être à égalité avec les hommes en matière de droits. Ces associations, réplique directe au féminisme, apparaissent dans un contexte de transformations familiales, après le remplacement de la puissance paternelle par l'autorité parentale (1970). Les revendications d'être à égalité avec les femmes,

1. F. Hurstel, G. Delaisi de Parseval, « Le pardessus du soupçon », *in* J. Delumeau, D. Roche, *op. cit.*

de même que les femmes avaient revendiqué l'égalité avec les hommes, font apparaître les pères comme usurpateurs de rôle, comme s'ils voulaient prendre la place des mères. Cette image d'usurpateur est véhiculée par un courant de la pédiatrie (Naouri), par des représentations psychanalytiques concernant le rôle du père – par référence à la loi (Freud) et en fonction du mode d'introduction du père par la mère (Lacan) –, qui obturent ou limitent pour le père les « modes d'habiter » sa paternité. Il se trouve alors enfermé dans des stéréotypes qui le réduisent à une « mère *bis* » ou qui le rendent dépendant de la place que lui fait la mère. Le père disparaît comme acteur, en dehors du rapport à la loi, laquelle aujourd'hui manque de connotation symbolique et de normalisation juridique pour constituer un véritable système référentiel.

Les revendications des pères d'être « à égalité » avec les mères auprès de l'enfant renvoient à un profond malaise et soulèvent de nombreuses résistances. La formulation est ambiguë et masque le véritable enjeu par rapport auquel chacun des acteurs, masculin et féminin, a du mal à se situer. Il s'agit, de fait, de l'autonomie parentale, à la suite de la rupture du conjugal (Théry, 1994).

Ce passage à l'autonomie de chacun des parents par rapport à l'autre et par rapport à la relation à l'enfant soulève des polémiques, réveille et révèle des angoisses individuelles et collectives particulièrement vivaces. Il conduit à une redéfinition des places et des rôles de chacun. Les associations de défense de la paternité s'inscrivent dans ce tourbillon. Elles suscitent d'autant plus de polémiques qu'elles sollicitent des changements de repères, de pratiques, de mentalités dont on commence tout juste à prendre conscience. Elles sont d'autant plus dérangeantes qu'elles forcent à considérer le rôle du père par rapport à celui de la mère, alors que devient nécessaire la prise en considération de la fonction parentale par rapport aux besoins de l'enfant, dissociée de la potentialité conjugale du couple qui lui a donné naissance. Une véritable rupture épistémologique est à l'œuvre. Les associations de pères s'inscrivent au centre de celle-ci et de l'angoisse collective et individuelle qu'elle suscite et génère. Elle touchent au cœur de ce que nous appelons « la formation des identités sexuées », en matière de modalités de reproduction (faire un enfant à deux) et de production des modèles éducatifs (l'élever sans vivre avec l'autre parent, qui appartient à l'autre sexe).

b) Victimisation et acteur empêché

Les hommes qui sollicitent le soutien de ces associations suivent un parcours différent d'une personne à l'autre, mais avec des caractéristiques communes. Choqués par une séparation demandée en majorité par les femmes (donnée commune à l'échelle nationale), ils les sollicitent comme aide et espace renarcissisant en attente d'un repérage identitaire et des modalités à suivre pour obtenir un meilleur droit de garde de l'enfant. La rencontre avec des pères se trouvant dans des situations identiques, l'échange de conseils concernant les démarches à suivre sont d'autant plus appréciés que ces hommes vivent une perte de sens. Leur référence à la paternité est parfois entachée de nostalgie par rapport à la conception de la famille traditionnelle et du rôle du père tel qu'il était inscrit par le mariage religieux. Rôle, autorité, droit renvoient à ce cadre traditionnel comme un tout qui devrait aller de soi. Le fait que ces pères aient reconnu l'enfant à la naissance, traduisant l'inscription dans la filiation par le nom, les portait garants, selon eux, de leur paternité. Le choc est important aussi pour les concubins lorsqu'ils ont des droits de garde limités et qu'ils n'ont pas fait de demande de reconnaissance d'autorité parentale. La confusion est d'autant plus ressentie que la souffrance de la séparation s'accompagne d'une marginalisation, non identifiée comme possible, du lien à l'enfant. La surprise est d'autant plus grande que la paternité aujourd'hui se situe dans l'interaction homme-femme et qu'elle est dépendante de la relation là où, autrefois, l'institution religieuse la protégeait (depuis le XIIe siècle, même si, au XVIIIe siècle, le mariage civil entraîne des modifications, déjà évoquées).

La dissociation possible entre le conjugal et le parental fut, en 1975 (naissance des associations), ressentie comme une stigmatisation profonde des pères qui ne se voyaient pas attribuer la garde de l'enfant en partage avec la mère, alors que la loi de 1975 affirmait que l'intérêt de l'enfant primait et que ce n'était plus systématiquement « l'époux innocent » à qui la garde était confiée. Les hommes se sont sentis victimes d'un complot car la garde alternée n'était pas reconnue comme un exercice conjoint (1987) et que la pension alimentaire était due à la personne qui a la charge de l'enfant (1993), c'est-à-dire la femme. Ils se définissent en victimes par rapport à la mère de l'enfant, à la justice, à la société. Ils s'expriment en tant que génération « sacrifiée ». Ils manifestent, de fait, leur grande difficulté à « sortir » du conjugal et à penser la paternité sous l'angle de la parentalité dissociée de la conjugalité. Ils traduisent les contradictions mais aussi les ratés du changement qui n'arrive pas à se faire, en matière de partage et d'attribution des rôles parentaux. Ils s'inscrivent dans le vide juridique, la confusion des modèles culturels. Ils renvoient au fait que, dans le cadre de la désinstitutionnalisation des rôles, la paternité se définit en termes de relation à l'enfant. Pourtant, cette nouvelle définition de la paternité a du mal à être reconnue sur les plans juridique et psychologique, d'où un profond sentiment d'injustice des pères qui, se réclamant de leur passé relationnel avec l'enfant, se trouvent privés ou limités dans l'exercice du droit de garde. Ils incriminent non seulement les mères qui oublient leur mode de participation, la justice qui ne leur reconnaît pas de droit, mais aussi les psychologues, psychiatres et pédiatres qui portent un regard suspicieux sur la paternité relationnelle. Ils les accusent d'arguer de la vigilance alors qu'ils ressentent l'intime conviction qu'ils s'octroient un pouvoir au détriment de l'intérêt de l'enfant et du leur. Tout se passe comme s'il s'agissait d'une lutte de pouvoir, dans la confusion des repères, qui s'est traduite à l'origine des associations par des manifestations violentes, non maîtrisées et destructrices, débouchant sur des rapts d'enfants par les pères. Victimisation, réactions violentes, qui nuisent d'autant plus à la légitimité de la paternité relationnelle qu'elles réactualisent les stéréotypes sur la violence masculine, le « machisme »... Cependant, les associations réagissent à la victimisation, elles se tournent vers la défense de l'enfant et vers des propositions de lois proches de la loi californienne qui octroie le partage à égalité, même lorsque l'un des parents s'oppose à ce partage. Celle-ci est d'autant plus appréciée que la loi Malhuret postulait qu'il fallait s'en remettre à la volonté des parents pour décider du droit de garde et du partage de l'autorité. Contexte perçu comme d'autant plus pénalisant par ces hommes des associations qu'ils se sont sentis victimes du désaccord conjugal et de l'alliance mère/juge/psychologue, qu'ils accusent de se retourner contre les pères et de privilégier systématiquement les mères des enfants.

Le sentiment d'être empêché dans l'exercice de la paternité est d'autant plus fort que la distance géographique entre le père et la mère, donc l'enfant, est forte. Les pères dénoncent le fait que l'exercice de la paternité est d'autant plus difficile que le fil ténu de la relation est mis en péril par la distance. Mais, par-delà le réconfort collectif inhérent à la solidarité entre « victimes », se dessinent des prises de conscience et réactions qui rendent compte des difficultés encourues dans le cadre de la situation contemporaine, qui se caractérise par une double référence à la paternité : celle qui renvoie au rôle institué et celle qui recherche de nouvelles formes de légitimité et de reconnaissance dans la redéfinition des relations entre les pères et les enfants. Toutefois, les pères des associations demeurent parfois très ancrés dans leurs représentations et leurs pratiques, rendant la référence au parental difficilement envisageable hors du conjugal. Il en est de même, de manière différente, pour tous les acteurs concernés par ces conflits. Notamment dans la manière dont les mères marginalisent et évincent les pères de la paternité, dont ces derniers se déresponsabilisent et sont déresponsabilisés alors que les mères sont surresponsabilisées. Pourtant, des tournants s'amorcent vers une consolidation de nouveaux liens paternels.

c) Des acteurs malgré tout

Si la controverse existe entre les pédiatres, les psychiatres et les psychanalystes appartenant à différentes tendances (traditionnelle, néotraditionnelle...), il n'en demeure pas moins vrai qu'émerge un nouveau courant de pensée autour de la paternité « impliquée » (dans le domestique) et « différenciée » (S. Lebovici, J. Le Camus[1]). De même que se dessine la nécessité éventuelle du recours au conflit entre les parents pour la construction de la parentalité dans l'autonomie, indépendamment et par-delà les conflits conjugaux (Jerrold Lee Shapiro, Ph.D.[2]).

Ainsi commencent à se dessiner de nouveaux contours dans les modalités d'exercice du parental, à l'élaboration desquelles

1. J. Le Camus, *Pères et bébés* (préface de S. Lebovici), Paris, L'Harmattan, p. 387-392.

2. J. L. Shapiro, *The Measure of a Man. Becoming the Father you wish your Father had been,* New York, A Perigee Book, Berkeley Publishing Group, 1993, 409 p.

contribuent les associations de pères, malgré les impasses sur lesquelles elles peuvent aussi déboucher. Les associations de pères participent du nouveau débat qui consiste à situer l'exercice de la paternité dans la nécessité pour le père et l'enfant d'être en relation, ensemble et de manière directe. Elles contribuent à situer le débat autour de la recherche de dépassement des contradictions entre l'attribution juridique du droit de garde et les impératifs éducatifs. Les groupes de pères publient des revues trimestrielles et organisent des débats qui conduisent à réfléchir sur la nécessité, pour l'équilibre psychique de l'enfant, d'avoir accès à ses deux parents et donc aussi à son père. Cette dynamique tend à responsabiliser les pères face aux impératifs éducatifs, mais sollicite aussi les mères dans leur capacité à faire une place au père, malgré la séparation, mais aussi plus généralement.

Par ailleurs, pour dépasser des situations dramatiques pour l'enfant, les associations ont aujourd'hui recours à la médiation, à la recherche de points-rencontres, c'est-à-dire à des modes de relation qui s'inspirent de la neutralité bienveillante et des espaces neutres, car non connotés comme espace privé du père ou de la mère. Les associations de pères constituent un témoignage de l'importance que ceux-ci accordent à la défense de la paternité, au-delà des difficultés qu'ils rencontrent (jurisprudence, réactions diverses...) face à l'autonomisation du paternel par rapport au conjugal. Les pères de ces associations voient leurs revendications renforcées par celles qui sont émises par d'autres hors associations, qui déploient des initiatives individuelles innovantes, malgré les ruptures conjugales. Les associations ont le mérite de porter sur la scène collective un problème contemporain qui ne les désigne pas moins parfois de manière ambivalente. Pourtant, ils contribuent au renforcement de la conscience paternelle, nécessaire à la transformation du rôle du père, alors que l'obligation à l'autonomisation du conjugal et à la prise de distance par rapport au rôle et au pouvoir symbolique du père traditionnel peut être vécue douloureusement.

Ainsi, les associations de défense de la paternité contribuent à attirer l'attention sur les risques de dissolution du lien parental masculin à la suite de la rupture du conjugal. Elles s'inscrivent au cœur d'une des problématiques de la famille contemporaine.

Elles contribuent ainsi à forcer l'attention et à pousser la réflexion sur la question de la paternité. Dans le cadre du changement des rôles familiaux se trouve ainsi posé le problème de l'enfant privé de son père, sur lequel les associations focalisent l'attention. C'est aussi, avec les recompositions familiales, l'expression de la volonté de clarifier les repères pour le père biologique, comparativement au conjoint de la mère de l'enfant.

Les associations de pères dénoncent les résistances juridiques, culturelles et sociales qui contribuent à appauvrir le lien paternel, ainsi que les fausses accusations incestueuses. Elles prennent sens dans un débat de société plus vaste, autour du découplage entre la sexualité / la procréation, entre la filiation / l'alliance, entre les assignations sexuées / les rôles et dans un contexte où la filiation de sang ne joue plus tout à fait le même rôle qu'autrefois.

Chapitre VI

Tendances contemporaines de la parentalité

1) Parentalités et représentations culturelles

a) La désacralisation du phallus et la déstabilisation de la phallocratie traditionnelle et industrielle

Dans notre ouvrage sur les hommes, en 1988, nous mettions l'accent sur la manière dont le remplacement de la force physique par la « force neuronale » engendrait des effets sur les modalités d'affirmation du masculin. Aujourd'hui, nous mettons l'accent sur les suites engendrées par la perte de légitimité du patriarcat rural et industriel et ses incidences sur la filiation et la symbolique du phallus, ainsi que sur la dynamique engendrée par la culture du sujet.

Comme nous l'avons vu précédemment, la culture masculine a tendance à se diversifier. En effet, dans la société de l'image, de la communication, la mise en valeur de soi n'est pas la même que lorsque l'homme devait maîtriser la nature pour produire, ou encore lorsqu'il était le seul pourvoyeur économique au foyer. La société du tertiaire valorise les contacts, les échanges, les relations, la communication, la montée de l'intimisme, le détachement à l'égard des anciennes préoccupations communautaires.

Le développement des revues masculines, évoqué précédemment, reflète un aspect de cette dynamique, par-delà les stéréotypes qu'elles véhiculent. Rappelons que la puissance paternelle est remplacée par l'autorité parentale et la coparentalité, c'est-à-dire la référence à la négociation des places et des rôles.

La sexualité pour le plaisir partagé nécessite la maîtrise des pulsions, un certain savoir-faire, une certaine authenticité, une autre manière de se tourner vers les femmes.

Dans de nombreux domaines, les hommes expriment leur désarroi, d'autant que les femmes ne sont plus tenues par leur comportement – virginité avant le mariage, fidélité pendant – à sauvegarder la filiation, depuis que l'on peut faire la preuve sérologique de paternité (1955). On sort des modèles uniques – traditionnel/rural et industriel/moderne – dans la société contemporaine, pour aller vers une pluralité des modèles. Les anciens accompagnent les nouveaux, qu'on appelle à tort des modèles féminins (là encore, il s'agit d'une construction socioculturelle de la différence sexuée, héritée de millénaires).

Les nouveaux modèles s'intègrent dans la culture du sujet, avec l'affirmation identitaire qui sort de ses ornières. On peut parler d'androgynie comme modèle culturel idéalisé, à condition de considérer qu'hommes et femmes cherchent à prendre à l'autre sexe ce qu'il a de meilleur, en évitant les contraintes et les aliénations qui en résultent.

En cherchant à se libérer des obligations du passé (au mariage, à avoir des enfants sans qu'il s'agisse d'un choix, à porter seul les responsabilités de chef de famille, à s'engager pour la nation, à se figer derrière un rôle et un costume uniforme...).

Des hommes cherchent à se débarrasser des aliénations antérieures et à s'adapter aux nouvelles situations (s'assumer seul, séduire en étant moins machiste...). Ils refusent les contraintes issues des modèles de l'autre sexe, mais en découvrent de nouvelles, et ils osent exprimer leurs complexes dans de nombreux domaines.

Les revues masculines présentent une virilité résolument positive, mais sans contrainte (donc un modèle idéalisé, abstrait) et, paradoxalement, prônent l'authenticité. De nouveaux alliages, entre le collectif masculin et la parole singulière, en résultent. Tous les registres de la vie quotidienne sont passés au crible et les misères masculines s'expriment dans le courrier des lecteurs encore très peu exploité comme tel et les rubriques des psychologues.

Les modèles traditionnels de la virilité perdent leur légitimité et une partie de leur efficacité à la suite du changement des femmes et du nouveau contexte socioculturel de la société contemporaine. L'analyse du courrier des lecteurs, les interviews réalisées auprès de non-lecteurs, de lecteurs, des rédacteurs en chef des revues *FHM, Men's Health, Men,* rendent compte des ambivalences, des tensions, des contradictions qui caractérisent la culture masculine contemporaine, en même temps que se dessine un dénominateur commun : la possibilité d'affirmation distanciée par rapport à la phallocratie rurale, industrielle, et la capacité à y adhérer ou à s'en détacher. Cette possibilité est récente, dans la mesure où le rapport entre la symbolique de puissance associée au phallus – inhérente à l'attention apportée à la filiation dont l'homme était l'agent principal – est déstabilisé. Cela nous semble fondamental pour construire la réflexion sur la culture masculine et l'analyser. On assiste ainsi, d'une part, à une déstabilisation du masculin et des modèles d'affirmation de la virilité, d'autre part, à la recherche d'autres manières d'être au masculin qui peuvent s'approcher désormais plus de l'homme-sujet débarrassé de certains masques. Mais de nouvelles tensions, angoisses, perte des repères provoquent aussi le renforcement des stéréotypes et, par réaction, le redéploiement de la masculinité défensive qui s'accroche aux modèles phallocrates, d'autant plus que certains de ceux-ci sont en perte de vitesse. Par ailleurs, de nouveaux repères se mettent en place et renvoient à la phallocratie postindustrielle qui s'oppose à la subjectivité, transformant en objet, avec l'instrumentalisme, l'impératif de la performance et la subordination d'autrui, en l'occurrence la femme. On érige de nouveaux masques. Et la question se pose aussi de savoir s'il s'agit d'une culture qui concerne aujourd'hui exclusivement les hommes, et si elle ne touche pas aussi des modèles qui concernent les femmes.

b) Vers la polyculture de la parentalité

On peut définir les paternités contemporaines à partir de certaines tendances reflétant une nouvelle manière de se tourner vers soi en tant qu'homme, mais aussi vers soi en tant que femme, vers l'enfant, avec plus de référence au choix, au désir, à l'amour, à l'authenticité, à l'engagement, à la conscience ou encore aux insuffisances, aux impossibilités, aux manques ; mais il est aussi question de réaffirmation de la domination.

En analysant les interviews que nous avons réalisées et le retour vers l'histoire, la sociologie, la psychanalyse, nous pouvons établir que :

— pour être père, on se réfère plus à soi et moins à la communauté et à la nation ;
— la famille n'est plus autant centrée sur le père ;
— la famille est plus centrée sur l'enfant ;
— la petite enfance entre dans la culture de la paternité ;
— la paternité est relationnelle. On coache ses enfants. On tend à être animateur, accompagnateur de l'affirmation identitaire de l'enfant ;
— cette paternité n'est pas encore bien reconnue sous l'angle institutionnel, dans la sphère publique (congés parentaux désavoués dans les entreprises, manque de présence masculine dans les institutions de la petite enfance...) ;
— les femmes sont surresponsabilisées à l'échelle de la famille ;
— on est dans une société matrifocale avec l'impératif de la bonne mère ;
— le passage du conjugal au parental est délicat ;
— des tensions existent entre différents modèles parentaux.

Si le modèle de la « paternité relationnelle », proche de la culture du sujet, émerge, il n'en demeure pas moins que cohabitent les modèles antérieurs (sacré, rationnel). On est toujours dans une société à domination masculine renvoyant à une monoculture fondée sur une construction culturelle, sociale, symbolique de la différence entre les sexes définie par rapport à la procréation, alors que la référence à la filiation n'a pas tout à fait la même signification.

Pourtant, on sort de l'idée de la Genèse selon laquelle la femme provient de la côte de l'homme ou encore du clivage entre : les femmes = la reproduction, les hommes = la production. On reste, cependant, cantonné à cette monoculture de la parenté, et c'est source de violence symbolique, psychique, culturelle, sociale.

En même temps, on s'en émancipe en allant vers une polyculture de la parentalité fondée sur une distanciation par rapport à la désignation des rôles parentaux en fonction des spécificités sexuelles. La nécessité de renvoyer les rôles parentaux à des assignations sexuées se fait moins pressante. Ces décompositions, ces sorties engendrent violence psychique, relationnelle, émotionnelle, mais aussi libération, ouverture, créativité. On tend vers de nouvelles égalités, complémentarités, mais aussi de nouvelles formes de domination.

c) La psychologie, la psychanalyse : quels repères, pour quelles familles ?

De nombreuses lectures, interviews, interventions avec et entre de nombreux psychiatres, psychanalystes et aussi des groupes de parents qui se sont développés récemment nous ont conduite à nous demander ce que signifiaient les polémiques entre les professionnels de la psyché sur le rôle, la place et la fonction paternels. Nous en sommes aussi venue à nous interroger sur cette nouvelle culture populaire « psy » et à nous demander en quoi elle faisait écho aux tendances traditionnelles tout en les renforçant ou accompagnait l'émergence de nouveaux modèles. Nous distinguerons très succinctement plusieurs tendances, en commençant par celles qui nous semblent en décalage avec la complexité de la réalité actuelle :

— la tendance la plus répandue renforce les clivages traditionnels entre le rôle du père et de la mère et renvoie à la distinction suivante : la mère = l'affectif ; le père = le symbolique ;
— une autre tendance s'insurge contre la féminisation des pères, le père « mère *bis* » ;
— d'autres se réfèrent à Winnicott pour légitimer la paternité symbolique au nom de l'importance exclusive de la mère dans la toute petite enfance ;
— des polémiques sur les rôles entraînent la surenchère à l'autorité, autour du renforcement du père comme symbole d'autorité incarnant la loi ;
— l'insécurité est considérée par certains comme liée à l'absence du père, dans le sens traditionnel.

On oublie, dans tous ces cas, les changements de la conjoncture, la réalité et les nouvelles complexités du vécu des individus.

Ces théories défendent la paternité traditionnelle, industrielle, et les prérogatives du père traditionnel, industriel, et les valeurs qui l'accompagnent.

Toutefois, de nouvelles voies s'ouvrent et des tendances s'affirment qui prennent en considération ces nouvelles initiatives et réalités.

La psychanalyste G. Delaisi de Parseval montre l'importance de la notion de responsabilité et comment celle-ci s'accentue avec le recours à l'IAD. Le psychologue Golse parle de l'importance du père préœdipien, là où Freud ne parle que du père œdipien. J. Le Camus, psychologue cognitif, montre l'importance, pour le développement de l'enfant, de la présence du père et du lien à l'enfant dès son arrivée au monde. Il évoque le oui du père, là où l'on a l'habitude de faire référence au nom. S. Lebovici n'exclut pas une remise en cause des principes œdipiens de Freud, au nom des nouvelles réalités paternelles. P. Jeammet parle du père débarrassé de ses carcans, de ses rôles imposés qui l'empêchaient d'être un homme.

L'idée, pour ces spécialistes de la psyché, que le père est nécessairement masculin, n'est pas défendue. Elle est cependant valorisée dans le sens où elle permet une ouverture de l'enfant à une différence supplémentaire et dans le sens où l'accès à la plus grande différence est enrichissant et permet aussi de mieux accepter le manque.

On retiendra quatre aspects fondamentaux, dans ce passage de la monoculture de la parenté à la polyculture qui caractérise la conjoncture actuelle.

La construction de l'autonomie psychique de l'enfant est essentielle et sollicite la participation de l'ensemble des personnes responsables de son éducation, de près ou de loin[1].

Un tiers séparateur est nécessaire pour briser la fusion mère-enfant, mais il n'est plus forcément désigné sexuellement.

Il devient nécessaire que la société accompagne, respecte mieux la place de la femme auprès de l'enfant et aussi la place de l'homme auprès de l'enfant.

Le tiers séparateur ne doit pas être discrédité ni dominé, mais il ne doit pas être non plus dominant par rapport à l'autre.

1. Cf. le titre d'un ouvrage de Didier Dumas : *Tu quitteras ton père et ta mère* (on pourrait dire aussi : ta mère et l'autre).

d) Des causes de la violence ?

On peut avancer que ceux qui ont recours à la violence n'ont pas bénéficié à la fois de l'autonomie psychique, du respect des places et de la présence d'un tiers séparateur valorisé mais non dominant comme base d'accompagnement à leur affirmation identitaire. Par ailleurs, l'inflation des modèles ne permet pas la stabilité de la personnalité ; or la tendance actuelle consiste à maintenir des représentations correspondant d'autant moins aux réalités et aux nouvelles complexités que les acteurs sont en crise et en situation délicate.

En ce qui concerne la diversité familiale, de nouveaux choix se présentent, de nouvelles responsabilités, de nouveaux engagements : la procréation naturelle, c'est mieux, mais ce n'est plus absolument indispensable, de même que l'assignation des rôles antérieurs à la reproduction des modèles de la société. De nombreuses configurations nouvelles émergent, comportant des désengagements, des libérations, de nouvelles formes d'engagement, de responsabilités, de risques et aussi d'aliénation.

Il est indispensable de mentionner la complexité de la prise des places parentales, dans le contexte historique, contemporain de recherche d'affirmation individuelle et identitaire par le biais de l'enfant. C'est ainsi qu'il faut à la fois réfléchir à de nouvelles formes de garanties dans le privé et de garants métasociaux collectifs, afin d'assurer à l'enfant l'affection, différente de la fusion, et l'autonomie intégratrice.

e) La paternité de sang et ses attributs n'est plus la référence indispensable à la conception de la reproduction de la société

Plus spécifiquement, on ne saurait omettre d'accorder une place toute particulière à ce passage fondamental que représente l'entrée en parentalité, qu'il s'agisse d'enfants biologiques nés d'un couple composé d'un homme et d'une femme ou d'autres cas.

Dans le même temps, avec la psychologie, les représentations concernant l'enfant ont changé et il peut être défini comme une personne sans être pris en compte pour lui-même, dans ses spécificités à l'échelle de la société, qui ne lui fait aucune place (espace urbain, projection dans l'histoire, respect de son avenir et de son environnement futur), si ce n'est comme consommateur, écolier, spectateur, objet que l'on consomme, car source de rajeunissement, d'émotion, symbole de pureté...

Au nom du respect de l'autonomie psychique de l'enfant, on dénonce la fusion mère-enfant, non pas à l'échelle de la société, mais dans les rapports privés individuels, et sans proposer d'alternative susceptible de l'alléger, de la détourner, tout en respectant la mère et l'enfant et la qualité des relations affectives, intimes entre eux.

Parallèlement, l'embryon, le nouveau-né, le petit enfant, l'enfant entrent dans la culture de la paternité et cela se manifeste de différentes manières, qu'il s'agisse des représentations ou des idéaux véhiculés par les pères, ou encore de la mise en scène de différentes pratiques par les pères eux-mêmes ou les médias.

Cela ne signifie pas que l'exercice de la paternité change fondamentalement, mais plutôt que les aspirations se transforment.

Aujourd'hui, la mise en scène socioculturelle de la paternité de sang et les pratiques destinées à la valoriser sont d'autant plus nécessaires qu'elle n'est plus aussi indispensable à la constitution et au fonctionnement de la société. Elle pourra donc être plus volontariste, moins contrainte, représentant également une prise de conscience, une marque d'engagement. Il en sera bientôt de même, pour d'autre raisons, de la maternité.

La paternité de sang, par opposition à la paternité construite par le lien, n'est plus la référence indispensable, inéluctable, à la constitution ou au déploiement de la société (à la suite de la transformation de la conception de la complémentarité entre le masculin et le féminin, mais aussi de la procréation médicalement assistée). En sera-t-il de même de la maternité biologique ?

Ces changements débouchent sur de nouvelles manières de considérer l'adoption ou les autres formes de parentalité, qui apparaissent alors beaucoup moins marginales et constituent de nouvelles voies dans ce contexte en mutation. Mais ils rendent compte aussi du renforcement de la valeur de la reproduction naturelle et des nouvelles gratifications qui devraient bientôt entourer l'homme et la femme, à la suite d'une meilleure subjectivation de chacun.

2) Des passages énigmatiques

L'analyse des paternités contemporaines est indissociable des interrogations portant sur les réactions affectives, émotionnelles et socioculturelles qui accompagnent le passage du conjugal au parental dans le cadre des interactions hommes/femmes/enfant. D'autant plus que les débats sur la parentalité, et en premier lieu sur la paternité, constituent un véritable mouvement culturel en soi.

C'est ainsi que nous évoquerons deux mouvements énigmatiques, la sortie de la parentalité renvoyant au seul lien du sang et le passage du conjugal au parental.

a) Perte du monopole masculin sur la filiation et désir de reconquête ?

L'entrée en paternité est profondément marquée par les spécificités contemporaines accompagnant le passage du conjugal au parental, qui, derrière les rôles, renvoient aux trajectoires personnelles et identitaires. D'autant plus que la famille aujourd'hui n'est plus centrée sur le père mais tourne en principe autour de la conception de l'enfant « sujet ». La place, la fonction, le rôle, la part du père sont sujets de controverse, tandis que l'enfant est sujet d'intérêt, y compris de la part des hommes. Rappelons que la majorité des futurs pères assistent à l'échographie, à l'accouchement et que, désormais, la petite enfance fait partie de la culture paternelle, est source d'intérêt, ce qui n'était pas vrai il y a encore une trentaine d'années. Ce qui ne signifie pas que les pères s'occupent massivement des enfants. Cependant, les conceptions des pères contemporains sont à mi-chemin, comme ils le disent eux-mêmes, entre le type de lien ayant existé avec leur propre père (qu'ils représentent généralement comme peu communicatifs) et les représentations contemporaines d'un père relationnel, plus présent, qui « coache » son enfant, par opposition aux modèles antérieurs du père institutionnel, distant, incarnant la loi et la raison. Les garants métasociaux entourant la puissance du père se sont émoussés à travers le temps et, s'ils perdurent dans un contexte de société à domination masculine, ils perdent une partie de leur légitimité dans une société matrifocale, qui n'en finit pas de parentaliser autour de l'impératif de la bonne mère. L'importance de la référence à la filiation s'émousse (hormis au nom de l'identitaire) avec le découplage possible entre la filiation et l'alliance, qui fait suite au découplage entre la sexualité et la procréation.

Ces deux transformations sont fondamentales. Elles représentent des étapes essentielles. Car, en effet, on sort d'une monoculture de la parentalité pour aller vers une polyculture symbolisée par les transformations familiales récentes avec, entre autres, l'homoparentalité. Par ailleurs, le tiers séparateur de la fusion mère-enfant, nécessaire à la construction de l'autonomie psychique de l'enfant, n'est plus nécessairement une figure masculine. On s'émancipe ainsi de l'impératif des assignations parentales différemment sexuées, ce qui explique à quel point la bataille idéologique et culturelle fait rage aujourd'hui, entre les partisans de différentes conceptions du rôle, de la fonction, de la place... du père et de celle de la mère, du beau-père, de la belle-mère... La parentalité relève désormais d'un choix culturel, d'un engagement, de prises de responsabilités par rapport aux modèles choisis ou, tout simplement, par rapport aux situations vécues, ce qui a des incidences fondamentales sur les représentations symboliques et la redistribution des rôles, et contribue à renforcer l'hétérogénéité des situations familiales.

Si les anciens modèles perdurent et sont valorisés comme tels, au nom de l'importance de la différence sexuée et de la diversité culturelle qui lui est associée, on sort cependant du patriarcat rural, synonyme de puissance paternelle référée à la symbolique religieuse comme expression de la domination masculine, qui accordait d'autant plus d'importance à la filiation qu'il s'agissait d'assurer la reproduction d'une société très hiérarchisée et de garantir la paternité, faute de pouvoir en faire la preuve. On sort aussi du patriarcat industriel fondé d'une part sur la supériorité du chef de famille, représentant la loi et la raison, d'autre part sur l'infériorité de la femme, dépourvue de droits civiques et sociaux. Une paternité fondée sur la culture du sujet est valorisée actuellement, qui fait appel à la conscience paternelle de l'homme, sans toutefois que celle-ci soit sous-tendue, sollicitée et encouragée par des mesures adéquates. Pourtant, ces transformations majeures renvoient à des réaménagements symboliques, sociaux, culturels, fondamentaux, touchant au plus profond de l'être et de l'organisation de la société.

Les superpositions et imbrications de modèles demeurent encore très forts aujourd'hui. En effet, des traces du modèle de la paternité traditionnelle, issue de la société rurale religieuse, subsistent, ainsi que des références à la paternité industrielle, en même temps qu'émerge la paternité relationnelle contemporaine, moins référée à l'autorité et plus proche de la notion de concertation, d'échange, de négociation. Cette paternité nouvelle se déploie lorsqu'elle n'est pas étouffée, comme pour un pourcentage non négligeable de pères qui ne voient pas ou très peu leurs enfants, ou encore qui sont présents mais ne jouent aucun rôle, ou dont la fonction n'est pas en prise avec la réalité ou n'est pas effective. La diversité de ces situations témoigne de leur fragilité et aussi des angoisses profondes des acteurs, expliquant à quel point la parentalité est devenue un enjeu identitaire relevant de la subjectivation et une sorte d'énigme qui concerne tout le monde et sollicite la contribution d'un nombre de plus en plus grand d'acteurs sociaux.

b) Complexités du passage du conjugal au parental et inversement

La conception des naissances est aujourd'hui une affaire privée, dans le sens où elle concerne les futurs parents dans leur individualité, c'est-à-dire qu'elle est liée désormais au choix du mode d'union et de son contrat, ainsi qu'au calendrier des naissances. La maîtrise de la procréation, la désacralisation de celle-ci, par opposition à sa référence au religieux dans la société agraire, ainsi que sa technologisation actuelle, ont particularisé l'entrée en parentalité, qui revêtait auparavant une dimension plus communautaire puisqu'elle était liée aux impératifs de reproduction d'une société, d'un pays, d'une nation qui ne connaissait pas l'abondance et ne valorisait pas les attentes individuelles. La période de transition que constitue l'attente de l'enfant sollicite les identités au plus profond, c'est-à-dire au cœur des spécificités de l'histoire personnelle, de la personnalité ; et cette période de transition s'inscrit dans l'histoire du couple, qui se constitue aujourd'hui autour du partage des sentiments, de l'élaboration de projets, de la recherche d'affirmation de soi par l'autre, mais aussi de complicité dans la communication, ainsi que de la satisfaction sexuelle. Le passage au conjugal constitue, dans ce sens, une véritable révolution du sujet, car le *je* est sollicité par le *nous* et les frontières du *je* sont en perpétuelle redéfiniton par rapport à l'autre, lui-même en redéfinition par rapport à soi, en même temps qu'il y a un réaménagement permanent de la personnalité de chacun par rapport à ce nouveau *nous*. Les différences entre les sexes sont perpétuellement réactivées au quotidien, en même temps qu'elles ont tendance à être gommées au nom de la culture égalitaire, ce qui provoque cette nouvelle ambivalence : affirmer sa différence sexuée, la nier. Le vécu qui est à la base de tout échange constitue un fondement essentiel à la conception de l'éducation, en même temps que la réaction à ce vécu, le partage du vécu de l'autre et du sien, ainsi que les réactions de chacun à l'égard de l'autre sont difficiles à formuler et à transformer en sujet de conversation. Il s'agit plutôt de pulsions, d'émotions, par opposition aux idéaux, aux attentes, qui constituent plus des sujets de conversation, des occasions de mise au point.

Le passage au parental sollicite de ce fait encore plus les individualités dans leurs complexités les plus archaïques que le passage au conjugal, et il n'existe pas véritablement de transmission culturelle ni de procédure langagière à l'échelle de la société, concernant ce passage. En effet, si l'on sait comment identifier, nommer, désigner, les responsabilités parentales à l'échelle de la société, on ne sait pas comment parler de ce devenir parent, de cet être parent dans le sens intime du terme, compris entre l'affirmation de soi, pour soi, dans le rapport à l'autre, dans la relation de soi avec l'enfant, de l'autre avec l'enfant, de l'autre avec soi et l'enfant, de soi avec l'autre et l'enfant. La communication, accompagnant l'attente de l'enfant, l'arrivée de l'enfant, la conception et la construction du lien à l'enfant, manque de repères collectifs pour pouvoir être formulée, ainsi que d'une élaboration sémantique socioculturelle.

Cette communication, ce type d'échanges entre les hommes et les femmes est à l'état de balbutiement. En effet, l'allusion ou la référence à la mixité dans l'univers de l'attente de la naissance, de la naissance, de la naissance de la toute petite enfance, de l'enfance est inhabituelle à l'échelle de l'histoire de l'humanité. Les mots manquent pour formuler, échanger, alors même que l'ajustement entre l'homme et la femme fait partie intégrante de la conception d'un des modes d'éducation actuelle, qui dépend lui-même de l'incessant va-et-vient entre le conjugal et le parental. Or le conjugal est profondément modifié par le passage au parental. Il est source de préoccupations, si l'on en croit les groupes de parole de pères[1], ou encore si l'on se réfère à des interviews auprès de différents pères appartenant à diverses couches sociales. L'affirmation individuelle constitue un sujet de préoccupation majeur face au changement d'état de la femme, d'autant plus que, comme nous l'avons constaté lors de nos études sur la paternité, les interrogations sur la virilité sont indissociables de la paternité contemporaine, au moment où les masques de la masculinité, liés à l'auréole du sacré du patriarcat rural ou aux rôles hérités du patriarcat industriel et de l'emprise de sa rationalité, commencent à perdre leur légitimité. La sexualité, au cœur de l'identitaire et du relationnel, est sujet de préoccupations, ainsi que la capacité à sécuriser la femme enceinte et à répondre à ses inquiétudes, alors qu'il s'agit aussi, pour l'homme, de surmonter les siennes. Même si ce n'est pas nouveau, le contexte socioculturel dans lequel s'inscrivent ces angoisses et les incidences sur la dynamique familiale et le devenir de celle-ci est différent. Les particularités du contexte, le choc des différences entre les hommes et les femmes autour de l'enfantement est d'autant plus réel que la femme, en devenant mère d'un enfant, prend une nouvelle place symbolique auprès de l'homme, sachant qu'il en est de même pour l'homme, souvent aussi sollicité pour une place de père de la femme. Alors que le rôle du père peut paraître moins tangible aujourd'hui, des réactions spécifiques existent, inhérentes à la dynamique de passage du conjugal au parental, et se traduisent par une montée de la violence, des séparations ou encore conduisent en fin de compte les parents à appuyer de plus en plus leur affirmation identitaire sur celles de leurs enfants.

Nous attirons l'attention sur le fait qu'il est bien difficile d'effectuer ce passage au parental, cette entrée en parentalité en

1. Groupes de parole qui ont lieu à la clinique de Châtenay-Malabry avec le Dr Alain Benoît.

général et en particulier, puisqu'il est question de paternité, en paternalité, d'autant plus que cette étape plonge au cœur de la problématique des différences entre les sexes, dans une société qui tend à les niveler culturellement et qui se préoccupe peu du parental et de l'importance du conjugal dans la part du parental.

Ces embûches sont d'autant plus difficiles à identifier et à surmonter qu'elles rendent tentante – ou contribuent à diffuser – la recherche d'autres modes d'accès ou d'entrée en parentalité et que l'on transite vers une polyculture de la parentalité. L'hétérogénéité culturelle familiale conduit à proposer une vaste diversification des interventions en matière de politique familiale et à favoriser le développement de la mixité parmi le personnel de la petite enfance ainsi que l'accompagnement de l'enfant sujet dans de nombreuses instances institutionnelles. Plus spécifiquement, en ce qui concerne la paternité, il convient d'aller à l'encontre de la dissymétrie qui existe aujourd'hui entre les femmes surresponsabilisées et les hommes confinés ou se contentant des représentations qui ne correspondent plus aux réalités, qu'il s'agisse de la décomposition ou de la recomposition des modèles parentaux.

Conclusion

Il s'agit enfin de reconnaître l'homme comme éducateur à part entière dans l'univers de la petite enfance, qu'il s'agisse de la sphère privée ou de la sphère publique, mais il s'agit aussi d'admettre que le père biologique n'est pas nécessairement l'acteur éducatif et que les liens du sang ne jouent plus le même rôle qu'autrefois.

Le père « éducateur » ne sera pas nécessairement le « père biologique » et il ne sera pas obligatoirement de sexe masculin. Il importe désormais d'intégrer ces nouvelles donnes dans la conception même des politiques familiales, en faisant preuve de réalisme, de tolérance et en acceptant la nouvelle pluralité des rôles par rapport aux assignations sociales sexuées, d'une part, par rapport au fait que la filiation de sang ne joue plus le même rôle qu'autrefois, comme nous l'avons vu au fil de ces pages, d'autre part. Prendre en considération ces complexités permet d'être à l'écoute des nouvelles difficultés et contradictions. Ne pas le faire revient à amputer la réalité contemporaine, à la priver de sa potentialité qui consiste à tendre vers une diminution des inégalités entre les hommes et les femmes. À titre d'exemple, des symboles, tels que le livret de paternité dont nous avons été à l'origine, ainsi que le livret de maternité, devraient parvenir à intégrer ces nouvelles complexités. Ne pas le faire revient à signifier un retard et un décalage par rapport à cette nouvelle complexité contemporaine. Car relancer la place du père aurait pu être fait depuis longtemps, notamment pour accompagner la redistribution des places et des rôles et contribuer ainsi au rééquilibrage concernant les interventions, des hommes et des femmes, en matière de conception de l'éducation de l'enfant. Accepter la pluralité des modèles éducatifs par rapport aux liens biologiques et aux assignations sexuées constitue un nouveau défi que la société et les politiques familiales n'ont pas encore relevé, alors même qu'il est grand temps de s'y atteler.

Nostalgiques du père symbolique, ou du père représentant de la loi, et partisans de la paternité relationnelle s'affrontent par des divergences idéologiques et morales. Le débat fait rage sur la place, concernant la fonction, le rôle, mais aussi le sexe du père avec l'homoparentalité, et l'on assimile à tort la montée de la violence à la perte de pouvoir des pères et à l'émancipation féminine.

Nos approches, à la croisée de la sociologie, de l'histoire, de la psychanalyse, ainsi que les enquêtes que nous avons réalisées, les témoignages que nous avons recueillis rendent compte de l'émergence de modèles compris entre la monoculture et la polyculture de la parentalité, dans un contexte en mutation.

Par « monoculture », nous entendons une conception de la reproduction et de la parentalité fondée sur une construction sociale, culturelle, symbolique de la différence entre les sexes, renvoyant aux conceptions traditionnelle (rurale) et moderne (industrielle) de la complémentarité entre les sexes et de la domination. Par « polyculture de la parentalité », nous voulons dire qu'il y a distanciation possible dans la société contemporaine (postindustrielle) en matière de représentations, de pratiques et de rôles, à l'égard des assignations sexuées antérieures, avec le découplage possible entre sexualité/procréation et filiation/alliance. On pourra exercer un rôle parental sans que celui-ci soit autant référé au sexe. Ainsi, le rôle parental pourra devenir dans ce sens l'expression d'un plus grand choix ; dans le même temps, les distinctions antérieures perdurent et peuvent même se renforcer, tandis que, par ailleurs, des tendances contradictoires s'affrontent et augmentent avec l'impératif de la bonne mère, d'une part, le volontarisme de certains pères, d'autre part.

Nous attirons l'attention, dans cet ouvrage, sur les difficultés qu'il y a à se parentaliser : inflation et complexification des attentes ; importance des remaniements identitaires redoublant avec l'attente puis l'arrivée de l'enfant ; exigences engendrées par l'éducation et difficultés à combiner les aspirations individuelles, conjugales, parentales.

Nous mettons l'accent sur le fait que, désormais, l'enfant représente et est pressenti comme la prolongation identitaire de l'adulte, avec le souci des incidences qui en découlent.

Nos analyses rendent compte des mouvements culturels qui concernent les transformations symboliques, sociales, culturelles des places et des rôles parentaux, en centrant, entre autres, la réflexion sur la problématique de la paternité, dont les transformations jouent un rôle et ont des incidences majeures. Mais aussi, bien évidemment, en attirant l'attention sur la nécessité qu'il y a de tendre vers plus d'égalité entre les hommes et les femmes et de mieux accompagner et revaloriser le rôle maternel, en le débarrassant, entre autres, de la surcharge qui le caractérise et des imageries naïves qui continuent à l'accompagner.

Nous distinguons trois périodes : traditionnelle, industrielle, postindustrielle ; en effet, cette distinction permet une meilleure compréhension de la complexité actuelle qui se caractérise par la juxtaposition de ces trois niveaux, en ce qui concerne le rôle paternel et le rôle maternel.

La conception du rôle et de l'exercice de l'un comme de l'autre a subi des modifications importantes, car ils ne se situent plus dans un cadre institutionnel par référence à la conception de la famille qui prédominait jusqu'en 1970 et qui était caractérisée par des codes et des normes spécifiques.

En l'occurrence, le rôle du père s'inscrit aujourd'hui dans une dynamique, plus interactive, entre l'homme, la femme, l'enfant.

Elle est, de fait, dépendante de la spécificité des liens et des interactions, dans le sens de la qualité, de la fréquence des échanges, de la nature de la communication. Elle est, de ce fait aussi, plus aléatoire.

Le rôle paternel est moins défini sous l'angle symbolique, culturel, juridique qu'auparavant, que l'on établisse des comparaisons à l'échelle de l'histoire ou entre les générations. Les pères montrent le changement de comportement tel qu'il peut être perçu par les anciennes générations. Un homme de 76 ans, employé, père de six enfants, avoue avoir empêché sa femme de se faire avorter du dernier. Il déplore le comportement de son fils, devenu père à son tour, car il s'implique trop, dit-il, « dans la vie familiale, dans la relation avec l'enfant ». La place d'un homme est, dit-il, « à l'extérieur du foyer ».

On peut aussi rapporter les témoignages de jeunes pères, pour qui l'implication professionnelle commence à être mise en balance avec l'implication auprès de l'enfant. Ainsi, ce père de 35 ans qui, lors de la seconde grossesse (décidée en commun) de sa femme, réfléchit, affolé, à la manière dont il va pouvoir concilier le manque de sommeil, puisqu'il se relèvera la nuit pour s'occuper de son nourrisson, et ses exigences professionnelles. Ou encore ce père de 45 ans, cadre, qui réfléchit à la manière dont il peut améliorer la relation avec sa fille, pour mieux l'aider à choisir sa filière d'orientation, tout en cherchant, par ailleurs, à se mettre plus à la portée des attentes de sa seconde fille. Ou encore ce père de 45 ans, enseignant, qui cherche à comprendre pourquoi son fils de 14 ans, désormais, lui ferme la porte de sa chambre au nez.

On pourrait allonger indéfiniment la liste des préoccupations. Ce genre d'interrogation concerne les hommes qui partagent la vie quotidienne de leurs enfants, mais aussi les autres. Elles peuvent paraître puériles, renvoyer à des broutilles, par exemple : comment réussir à embrasser son enfant, rentrer avant qu'il ne soit couché ? Elles peuvent sembler extrêmes, mais sont parfois créatives. Comme cet homme séparé de ses enfants qui cherche une solution économique, en fonction de ses revenus d'éducateur, pour voir ses enfants qui habitent à 400 km, alors qu'ils sont trop petits pour prendre le train. Il s'achètera une caravane pour les héberger plutôt que d'aller à l'hôtel quand il viendra les voir, et il pourra aussi les emmener en vacances ; la caravane restera devant l'appartement où les enfants habitent avec leur mère, ils en auront la clef et pourront ainsi aller chercher leurs affaires, au cas où ils les auraient oubliées. L'importance accordée à la qualité du lien, ou simplement au maintien des liens, participe des nouvelles tendances et configurations de la paternité, qui se veut paternité de « présence ».

Ces tendances se manifestent aussi dans la recherche d'échanges sous toutes les formes, comme le montre l'étude que nous avons réalisée sur les liens téléphoniques entre des pères non gardiens et leurs enfants. Il s'agit de pères qui cherchent à joindre leurs enfants au téléphone afin de maintenir le contact. Le père se transforme alors en animateur qui doit mettre la conversation à la portée de son enfant et adapter son comportement à celui de ce dernier. Ainsi, pour lui parler, il doit commenter avec lui une émission de télévision ou encore l'aider à distance pour ses devoirs. On pourrait ainsi multiplier les exemples qui témoignent de cette volonté de maintenir le lien paternel, parfois coûte que coûte.

L'étude des liens téléphoniques entre les pères non gardiens et leurs enfants montre que, lorsque la mère s'y oppose, des obstacles importants peuvent surgir et empêcher le père de joindre ses enfants. Et, même si les hommes tentent de contourner ces difficultés en achetant un téléphone portable à leurs enfants, on peut s'interroger sur la signification de ces difficultés.

Il est grand temps que s'atténuent les déséquilibres entre les hommes et les femmes dans la sphère privée. Si les réformes de la famille représentent déjà, dans ce sens, un changement de comportements de la part des partenaires politiques, juridiques, économiques et sociaux, elles demeurent cependant insuffisantes.

La convergence des efforts se révèle d'autant plus nécessaire que le rééquilibrage entre la sphère privée et la sphère publique – accompagnateur d'un changement des mœurs –, qui n'existe encore qu'à l'état naissant, faute d'avoir été encouragé et promu, renvoie à une réorganisation de la société qui la bouscule de fond en comble. Car il s'agit de faire converger les initiatives de la société tout entière – qu'il soit question de morale, d'éthique, de représentations symboliques et culturelles – concernant la modification de la hiérarchie des rapports entre les hommes et les femmes.

Dans le même temps, les institutions accompagnatrices de la naissance, de la petite enfance, de l'enfance, de l'adolescence, donc médicales, juridiques, éducatives doivent, elles aussi, se mobiliser afin de mieux contribuer à la transformation de la conception du partage des places et des rôles autour de l'enfant.

La réflexion doit porter sur la redéfinition des modèles concernant la place et la participation du père autour de la naissance de l'enfant – dont la présence ne revêt pas de signification particulière faute d'être comptabilisée comme acte médical, puisque ce n'est pas lui qui accouche. Il faut aussi réfléchir à la présence masculine dans l'univers de la petite enfance en tant que parent, mais aussi en tant que salarié : celle-ci engendre de l'étonnement mais aussi un certain dérangement, au point que les embauches masculines sont pratiquement inexistantes dans le secteur de la petite enfance, dévalorisé car essentiellement féminin. Dans l'univers de l'adolescence, au contraire, on recrute quasi exclusivement des « hommes baraqués ». On sous-entend ainsi que la petite enfance se passe du masculin, et l'adolescence du féminin, alors que l'importance de la présence masculine dans le privé mais aussi dans les institutions publiques auprès du tout-petit ne sera bientôt plus à démontrer. Quant à l'importance d'une présence féminine au sein des institutions publiques dans les secteurs de l'adolescence en difficulté, elle ne sera bientôt pas difficile non plus à démontrer, car, pour qu'il y ait une figure de père, ne faut-il pas qu'il y en ait aussi une de la mère ?

Les représentations concernant l'« universel » masculin/féminin et la fonction éducative demeurent encore trop stéréotypées pour pouvoir s'ajuster simplement et immédiatement aux nouvelles exigences familiales. L'homme qui perçoit de plus en plus son rôle en tentant d'échapper à la symbolique du père fouettard et qui aspire à parvenir de plus en plus à « coacher » son enfant, dans une paternité relationnelle, n'est pas encouragé dans ce sens. En effet, notre société n'intègre plus ses enfants dans une dynamique communautaire dispensant des repères gratifiants et intégrateurs à leur égard, ceux-là mêmes qui permettraient de ne pas avoir à jouer le père fouettard. On continue ainsi, par ce biais, à assimiler l'homme à ce qui ne relève pas de l'affectif, tandis que la femme y est perpétuellement renvoyée, mais souvent « à côté de la plaque » et « mal ».

La conception du rôle du père demeure fortement stéréotypée et, si l'on peut arguer du fait que la femme le sollicite encore par le biais de la peur du gendarme, c'est souvent faute de mieux, dans la mesure où elle-même se trouve fréquemment dans l'obligation de jouer un double rôle. Surchargée au foyer et définie par l'impératif de la bonne mère, dans une société qui demeure encore si inégalitaire à l'égard des femmes, elle demeure prisonnière de l'injonction de la bonne mère, infantilisante, d'autant plus que le rôle du père continue à être défini souvent de manière exclusive à travers la responsabilité du chef de famille et par le biais du symbolique qui dispense de la présence effective. Cet état de fait favorise un mouvement de repli de la femme sur l'enfant et entérine une marginalisation du père dont l'absence se trouve culturellement légitimée, alors que la femme assume de plus en plus les responsabilités au foyer ou a du mal à y parvenir, tout en étant impliquée aussi, par ailleurs, professionnellement.

L'impératif de la réussite et les inégalités qui perdurent entre les hommes et les femmes ne tendent pas non plus à faire évoluer le marché de l'emploi, dans le sens où les structures économiques, les profils de carrière, les systèmes de cooptation, les conceptions du travail sont organisés autour du clivage de la différence entre les sexes au foyer, le salaire féminin étant encore, dans ce sens, considéré comme salaire d'appoint, et la réussite masculine professionnelle comme prioritaire. Étant donné que les postes à haute qualification et à grande responsabilité sont en majorité occupés par des hommes, il est facile d'arguer qu'il est plus compliqué de remplacer quelqu'un à la suite d'un congé parental (on oublie alors d'ajouter « *a fortiori* si c'est un homme », tellement cela relève de l'évidence).

On comprend ainsi à quel point il s'agit d'une véritable révolution pour parvenir à changer les mentalités et les pratiques, eu égard aux dynamiques contemporaines.

Pourtant, les conduites des jeunes générations sont porteuses d'espoir. S'il est encore trop tôt pour comparer les comportements des hommes et des femmes qui s'inscrivent dans le changement et faire ainsi état de transformations notoires, étant donné le poids des millénaires, il n'en est pas moins intéressant de comparer des cohortes d'hommes issus de générations différentes. On constate alors des changements d'aspirations considérables. Les jeunes pères sont soucieux, en effet, de ne pas autant sacrifier leur vie privée à leur vie professionnelle. Ils aspirent à être plus présents et plus « relationnels » avec leurs enfants. Enfin, et ceci est fondamental à l'échelle de l'histoire, la culture de la petite enfance entre dans la culture de la paternité. Il s'agit d'un profond changement qualitatif qui accompagne une prise de conscience récente elle aussi, au regard de l'histoire : comme le disait Françoise Dolto, l'enfant est une personne.

Par ailleurs, et cela représente aussi un autre changement fondamental concernant les jeunes générations par rapport à la culture antérieure, la culture masculine s'éloigne des masques qui accompagnaient l'affirmation de la virilité et sommait l'homme de blinder son corps et sa sensibilité derrière des rôles publics, au nom du devoir-être masculin. La culture du sujet qui désormais valorise plus l'intime, représente aussi une valeur montante chez les hommes jeunes, qui conçoivent davantage de s'affirmer désormais de manière autonome dans le privé et dans une paternité de proximité.

Mais la culture de la performance, l'impératif de la réussite, la logique du profit, l'instrumentalisme vont à l'encontre de ces nouvelles tendances, ainsi que d'une répartition plus égalitaire entre les hommes et les femmes dans le domaine privé.

Si, par conséquent, la démocratie de l'intimité n'est pas encore pour demain, le combat pour y accéder est, lui, bien actuel. À commencer, aussi paradoxal que cela paraisse, par un meilleur accompagnement du passage du conjugal au parental. En effet, ce passage devient d'autant plus délicat qu'il s'inscrit dans un contexte de supercherie égalitaire entre les hommes et les femmes, d'autant qu'en ces moments d'exception les différences s'exaspèrent et que la parole intime a bien du mal à se frayer un chemin, alors qu'elle est si importante dans un contexte où les remaniements identitaires sont fondamentaux. La société ne propose alors guère de référence et de rituel d'accompagnement, et c'est d'autant plus préjudiciable que cela conduit souvent à des incompréhensions, des dérapages conjugaux ainsi que des désaccords augurant décidément mal de l'avenir de la parentalité en train de se jouer entre cet homme, cette femme et ce bébé.

Pourtant, dans cette société qui a connu des bouleversements rapides dans le domaine de la famille, alors que l'on est en train de passer de la monoculture contemporaine de la parentalité à la polyculture, une compréhension fine des nouvelles réalités s'impose concernant les contours culturels et symboliques des places et des rôles. Les changements de contexte nécessitent de la part des politiques économiques et sociales une formidable flexibilité pour accompagner la transition des modèles, mais aussi pour prendre en compte les nouvelles situations et, notamment, le découplage entre sexualité/procréation et filiation/alliance. Ces deux perspectives induisent une désassignation sexuée possible des rôles. Dans le même temps, il s'agit de porter une grande attention à la dynamique de recomposition de la différence entre les sexes qui ne manquera pas de se redessiner autrement, lorsque les inégalités et les discriminations auront diminué, c'est-à-dire lorsque cette différence pourra être davantage choisie.

En attendant, il est grand temps d'innover et d'œuvrer par tous les moyens à la revalorisation de la sphère privée et à la déhiérarchisation de l'intime, et de favoriser un meilleur va-et-vient pour la femme – et c'est fondamental – mais aussi pour l'homme entre la sphère privée et la sphère publique. Car, à la croisée de ces deux univers, on se trouve bien au cœur même du débat démocratique. Celui-ci ne concerne-t-il pas au premier chef la démocratie de l'intimité ?

On peut s'interroger sur les moyens qui existent pour permettre une meilleure entrée en parentalité. On peut réfléchir à la question suivante : comment mieux accompagner la naissance de l'enfant, jusqu'alors auréolée d'une imagerie naïve, qui empêche souvent tout discours réaliste au profit de débordements dans le sens du merveilleux, mais ne permet pas l'accès à l'authenticité ? Des initiatives devraient se multiplier sous forme de groupes de parole destinés bien évidemment aux femmes[1] – même s'il s'agit d'entretiens individuels –, mais aussi aux hommes. Pourquoi ne pas multiplier les initiatives grâce auxquelles des futurs pères, des pères, parlent[2] de leurs réactions, de leurs angoisses, de leurs peurs de cette femme avec un gros ventre ou de leurs interrogations sur la sexualité et sur l'« après »-naissance de l'enfant, évoquant l'incertitude quant à leur capacité à assumer leur responsabilité ?

La prévention, afin de favoriser une meilleure « prise de place », peut devenir primordiale, et ce d'autant plus que la maternité et la paternité, en se désinstitutionnalisant, s'appuient sur le développement de la conscience personnelle et sur son renforcement. C'est un point d'autant plus important que, comme nous l'avons vu, la dimension symbolique qui soutenait la paternité s'étiole.

Il s'agit alors de réfléchir aux moyens dont on peut disposer pour soulager la place de la mère et désenclaver la place du père dans le cadre de cette nouvelle conjoncture.

La responsabilité du père ne doit-elle pas être d'autant plus réactivée, sollicitée, signifiée qu'elle a tendance à disparaître, y compris avec la coparentalité, et que la procréation « artificielle » conduit à envisager de se passer du père, portant un

1. Catherine Garnier Petit le montre bien.
2. Groupes de parole avec le Dr Alain Benoît à la clinique de Châtenay-Malabry.

coup fatal à la fonction paternelle, comme le souligne Françoise Héritier ?

L'entrée en parentalité, la compréhension du rôle inhérent à la maternité, à la paternité biologique, sociale, culturelle, seraient facilitées si la société répandait des valeurs éducatives, celles-là mêmes qui font défaut aujourd'hui, alors que la parentalité n'est plus si fortement inscrite dans une histoire à deux. Elle peut ou non succéder à une vie commune, alors que, autrefois, on se mettait ensemble pour fonder une famille et l'éducation reçue préparait aux rôles parentaux.

Parmi les difficultés concernant la répartition des places parentales, on peut compter l'ambivalence des femmes, qui révèle aussi la misère féminine, derrière un soi-disant pouvoir des femmes. On a tendance à oublier, dans un contexte qui converge vers une idéologie égalitariste, à quel point la nouvelle répartition des places parentales et la distribution des rôles parentaux se heurtent à une tradition héritée de millénaires. Or, les comportements des hommes et des femmes le confirment, la responsabilité de l'entretien des besoins demeure l'apanage des femmes, qui sont chefs d'orchestre au foyer. Lorsque celles-ci sollicitent la participation masculine, elles laissent de fait peu de place à l'initiative masculine. On entend souvent les hommes dire : « Elle veut que je fasse comme elle » ; ou encore exprimer leur satisfaction lorsqu'ils évoluent dans l'espace domestique avec l'enfant comme ils l'entendent, c'est-à-dire dans l'autonomie, lorsque la femme n'est pas là. On sent bien que des tensions existent dans les prises de place, autour de la dialectique autonomie-dépendance à l'égard des rôles définis en fonction des sexes.

De même que, dans un contexte caractérisé par la domination masculine et le renforcement de la matrifocalité, la rancœur des femmes à l'égard des hommes existe, de même, celle des hommes à l'égard des femmes est réelle, même si c'est pour d'autres raisons. Les problèmes d'entente autour des enfants en témoignent au quotidien et sont visibles, notamment dans les associations de pères.

Ne serait-il pas utile de mener une campagne dans le sens de la défense des enfants, sous forme d'information, de sensibilisation, afin de faire comprendre à quel point le discours négatif émis par chacun des parents sur l'autre, à des fins parfois narcissiques, est préjudiciable à l'enfant et le place (sans qu'il soit question d'associer ce phénomène aux séparations conjugales), devant un conflit de loyauté très préjudiciable à l'affirmation de la personnalité ? Les femmes n'ont pas toujours conscience des ravages qu'entraînent la négation de la place du père, la critique en apparence anodine de son comportement mais qui renvoie au cœur de la domination entre les sexes. C'est vrai aussi dans l'autre sens. Pourquoi ne pas organiser une opération prise de conscience ?

Par ailleurs, la paternité et la maternité continuent à être appréhendées par le biais de repères obsolètes, véhiculés dans les institutions de la petite enfance, de l'enfance, et à l'école.

Ne peut-on pas aussi envisager de développer quelques initiatives, telles qu'une enquête auprès des établissements pour savoir ce qu'il advient de la circulation de l'information sur l'enfant, l'information auprès des pères et des mères, en général et séparés, gardiens ou non ? Ou encore, dans les crèches, ne peut-on développer des groupes d'écoute et de parole des pères, des mères, mais aussi des autres personnes concernées par l'éducation de l'enfant dans la sphère domestique ?

Ne peut-on pas aussi, pour revenir à la répartition des places dans le privé, envisager d'affiner des catégories d'analyse susceptibles de déceler les attentes profondes qui infléchissent la répartition des places et des rôles, quelles que soient les situations et compositions familiales ? Un tel travail de recherche serait susceptible de rendre compte de la complexité des échanges, de la confrontation des points de vue qui accompagnent la répartition et la prise de places parentales.

Il s'agirait alors de mieux cerner les représentations que chacun a de son rôle et du rôle de l'autre. Cela ne permettrait-il pas d'avoir un meilleur accès aux véritables enjeux, à travers la compréhension des négociations, des ambivalences et des tensions qui accompagnent la répartition des places parentales ?

Ce travail de repérage et d'analyse devrait distinguer les différentes situations familiales qui constellent la famille aujourd'hui, en reconnaissant l'homoparentalité, pour mieux la comprendre et l'accompagner.

Plus généralement, la variété des situations devrait être mieux reconnue et soulagée des discrédits moraux, comme c'est encore le cas pour le divorce, sachant que, par ailleurs, comme le dénonce à juste titre Dominique Mehl, la norme qui veut qu'un enfant soit élevé par ses deux parents reste le seul modèle en vigueur. La réflexion sur les fonctions parentales donnant lieu à des soins éducatifs devrait être plus largement enrichie, en répertoriant les difficultés, les avantages, les contradictions que rencontrent les adultes, selon qu'ils sont ensemble, seuls, séparés, en famille « recomposée », parents homosexuels... On ne doit pas sous-estimer le désarroi d'un grand nombre de parents face à la complexité de l'éducation contemporaine et aux situations nouvelles, inédites, autour du « que faire ? ».

Les nouvelles complexités et l'hétérogénéité des situations qui caractérisent l'exercice de la parentalité aujourd'hui conduisent à chercher de nouvelles pistes de réflexion.

Ne s'agit-il pas, pour avancer sur la question du père, de la mère, de s'engager dans une voie plus démocratique, c'est-à-dire moins sexiste ?

L'implication physique, émotionnelle, culturelle, sociale du père dès la conception de l'enfant, et la recherche de qualité de relation avec le tout-petit, ainsi que le souci de continuité du lien, qu'il faut encourager, ne constituent-ils pas une gageure, d'autant plus qu'elle contribue à aller à l'encontre des inégalités entre les sexes ?

Chaque acteur œuvrant à l'éducation de l'enfant dans le privé devrait être conscient, responsable, soulagé (surtout actuellement pour les femmes) et sans masque (surtout pour les hommes). Et cela devrait concerner tous ceux qui contribuent, de près ou de loin, à son éducation.

Une attention toute particulière devrait être accordée aux jeunes parents qui ont à construire et à combiner tous les registres de leur vie personnelle, professionnelle, conjugale, familiale, quel que soit le modèle familial auquel ils adhèrent, sachant qu'ils manquent bien souvent de moyens et de recul. Des mesures systématiques devraient être prises pour qu'ils n'aient pas à sacrifier un niveau plutôt qu'un autre.

Lors d'un travail de repérage pour l'UNESCO, portant sur les différents modèles familiaux, il nous a semblé important de distinguer les pays en fonction du degré d'émancipation de la condition de la femme, de la « crise de la virilité » et de la manière dont s'effectuait le passage du conjugal au parental. Ces distinctions résultaient, par ailleurs, des croisements de ces trois variables avec les dynamiques religieuses.

Un constat s'est imposé, à savoir que la réduction du nombre d'enfants voulu par couple, lorsque celle-ci est possible, renvoie à l'idée que l'éducation d'un enfant coûte cher. Cette perception généralisable à l'ensemble des classes moyennes de la plupart des pays n'a pas manqué d'attirer notre attention, sans parler du fait que l'exercice de la paternité pouvait être évoqué par les hommes eux-mêmes, dans le sens du « flottement ». On sentait une certaine perplexité, un certain désarroi, qu'il s'agisse du Yémen, de la Corée du Sud, du Maroc, de la Syrie, du Liban..., de l'Amérique latine. Même là où la religion est prégnante. On constate, à des degrés divers, que les certitudes qui accompagnaient la conception de la différence entre les rôles sont ébranlées, et, pourtant, les changements demeurent difficiles à appréhender. Car on refuse encore d'admettre l'idée que nous vivons une véritable mutation dans le domaine de la parentalité, de la conjugalité.

Annexes des enquêtes et recherches

Annexe 1

Les groupes que nous avions constitués étaient composés d'hommes appartenant à différentes associations et d'hommes sans appartenance. Les associations n'étaient pas toutes des associations exclusivement masculines ; il y avait aussi des hommes appartenant aux partis politiques (RPR, Parti socialiste), aux syndicats (CFDT) ; pourtant, la grande majorité des hommes appartenaient aux associations suivantes : MEP, MCM, ADAM, ARDECOM, mouvement Gay.

Annexe 2

Composition du groupe :

1 couple parents de 2 jeunes enfants
2 hommes n'ayant plus la garde de leurs enfants
1 mère de famille (3 enfants)
1 père ayant la garde de sa fille mais ne vivant pas avec elle, et vivant avec l'enfant de sa concubine
1 homme sans enfant
1 femme vivant avec ses 2 enfants
1 couple parents d'un enfant commun, la femme a 2 enfants d'un premier mariage avec qui vit le couple (le père ayant la garde conjointe)
1 femme sans enfant
1 couple parents de 3 enfants.

Le groupe a rencontré les interlocuteurs suivants : un psychologue, une député, deux responsables d'associations masculines, une psychanalyste conseillère conjugale, un pédiatre.

Annexe 3

L'échantillon était constitué de la manière suivante :

Couples interviewés séparément

Hommes	*Femmes*	*Enfants*
Alain, 26 ans éducateur	Martine, 24 ans éducatrice	1 fils (1 mois)
Paul, 32 ans responsable en publicité	Évelyne, 27 ans institutrice	1 fils (1 an) 1 fille (2 ans)
Vincent, 25 ans directeur d'un centre de loisirs	Hélène, 23 ans étudiante	1 fille (8 mois)
Xavier, 25 ans assistant de production de cinéma	Anne, 22 ans ne travaille pas	1 fils (6 mois)
Élian, 27 ans conducteur de métro	Valérie, 22 ans étudiante	1 fils (3 mois)
Daniel, 32 ans biochimiste	Sandrine, 32 ans pharmacienne	2 filles (3 et 5 ans)
Jean, 28 ans professeur d'histoire	Marie, 27 ans institutrice	1 fils (4 ans)
Emmanuel, 30 ans vacataire sur contrat de recherche	Marie, 32 ans ethnologue	1 fille (2 ans)
Michel, 38 ans instituteur, technicien du son	Églantine, 40 ans chef conseillère d'orientation	1 fille (4 mois) 2 fils (6 et 8 ans)
Paul, 32 ans vacataire sur contrat de recherche	Jeanne, 30 ans assistante sociale	1 fils (1 an)

Hommes	*Femmes*	*Enfants*
Bertrand, 29 ans ingénieur	Claire, 27 ans employée de banque	2 filles (6 et 8 ans)
Didier, 26 ans photographe	Anne-Lise, 22 ans au chômage (hôtesse)	1 fille (4 mois)
Didier, 34 ans journaliste	Élisabeth, 32 ans cadre	1 fils (2 ans) 1 fille (4 ans)
Nicolas, 34 ans chercheur	Odile, 32 ans chargée d'étude	2 fils (3 et 5 ans)
Bernard, 31 ans électronicien	Tiffany, 25 ans secrétaire	1 fille (2 mois) 1 fils (2 ans)
Frédéric, 22 ans musicien (vit avec Laure mais n'est pas le père de l'enfant)	Laure, 22 ans étudiante	1 fils (1 an)
Michel, 28 ans cuisinier	Denise, 28 ans éducatrice spécialisée	1 fille (3 ans) 1 fils (7 ans)
Raphaël, 32 ans agent immobilier	Céline, 33 ans médecin généraliste	jumelles (4 ans) 1 fille (7 ans)
Martin, 33 ans chef de secteur promoteur immobilier	Anne, 34 ans opératrice au GAN	2 fils (3 ans, 5 ans)
François, 27 ans ingénieur	Emmanuelle, 27 ans secrétaire	1 fille (3 ans)
Martin, 21 ans étudiant	Isabelle, 20 ans étudiante	1 fils (1 an)
Claude, 22 ans étudiant	Géraldine, 21 ans ne travaille pas	1 fils (6 mois)
Alban, 28 ans ingénieur	Ghislaine, 29 ans étudiante	1 fille (1 mois) 1 fils (3 ans)
Raoul, 28 ans chef de transport routier	Élodie, 26 ans ne travaille pas	1 fils (2 ans)
Pascal, 26 ans employé et étudiant	Bénédicte, 27 ans professeur de langues	2 filles (6 mois, 2 ans)
Hubert, 31 ans architecte	Patricia, 28 ans employée	1 fille (3 ans) 1 fils (5 ans)

Hommes interviewés

(qui n'ont pas la garde de leurs enfants ou qui ne vivent pas avec leurs enfants, ou du moins pas avec tous leurs enfants).

Hervé, 40 ans, décorateur de théâtre, 2 filles (il ne vit qu'avec l'une d'elles).

Fabien, 36 ans, éducateur spécialisé, 1 fille, 1 fils (il ne vit pas avec eux mais avec le fils de sa concubine).

Jean-François, 37 ans, employé de banque, 1 fille (il ne vit pas avec elle).

Paul, 32 ans, maître de conférences à l'Université, 1 fille (il ne vit pas avec elle).

Rémy, 33 ans, ingénieur, 1 fille, 1 fils (il ne vit pas avec eux).

Guy, 36 ans, technicien-mécanicien, 1 fils (il ne vit pas avec lui, mais avec le fils de sa concubine).

Emmanuel, 41 ans, photographe, 1 fils (il ne vit pas avec lui).

Raoul, 38 ans, ingénieur en informatique, 2 filles (il ne vit pas avec elles).

Alain, 32 ans, employé, 1 fille, 1 fils (il ne vit pas avec eux).

Georges, 42 ans, ingénieur agronome, 1 fils (il ne le voit plus ; vit avec l'enfant qu'il a eu avec sa concubine et l'enfant qu'elle a eu avec un autre homme).

Bertrand, 32 ans, chômeur, 1 fils (qu'il ne voit plus).

Gérard, 31 ans, chômeur, 1 fille (qu'il ne voit plus).

Annexe 4

Nous avons réalisé des entretiens semi-directifs auprès de la population du personnel pénitentiaire. Un entretien a été réalisé auprès d'un ancien surveillant, recyclé dans l'administration pénitentiaire, qui s'exprimait sur son fils, père à son tour. La différence de représentation et de conception de la paternité au regard des trajectoires des deux générations était passionnante à analyser, tant était fort le contraste entre les différents systèmes de valeurs et les pratiques et la conception des rôles.

Un autre entretien a été réalisé auprès d'un formateur plus diplômé (deux années d'études après le baccalauréat), père de deux filles. D'autres ont été réalisés auprès de stagiaires en formation au métier de surveillant de prison, originaires de différentes parties de la France, chacun père d'un ou deux jeunes enfants, dont deux vivaient avec une femme ayant déjà un enfant d'une première union. Ces jeunes pères non diplômés se référaient au modèle de paternité « impliqué » et relationnel.

Annexe 5

Dix jeunes couples appartenant aux classes moyennes ont été interviewés séparément afin de saisir leur conception sur le partage et la différence de rôles. Chaque membre du couple possédait deux années d'études supérieures après le baccalauréat. Il était intéressant d'entendre les hommes envisager de limiter leur temps de travail, et leurs exigences salariales au profit du souci de la qualité de la vie. Il était intéressant aussi de les entendre exprimer leur point de vue par rapport au travail de leur concubine. Ils exprimaient une très grande « permissivité » et « neutralité », que l'on pourrait qualifier de bienveillante, indiquant que celles-ci faisaient exactement comme elles voulaient, par-delà les problèmes économiques du couple. Quelques femmes (trois) envisageaient de se désengager temporairement de leur emploi lorsqu'elles auraient un enfant. Deux hommes envisageaient de se relayer, dans la mesure du possible, avec la femme auprès de l'enfant, en alternant en fonction de leurs opportunités professionnelles.

Annexe 6

Futur père	*Future mère*	*Mois de grossesse*
24 ans attaché commercial	24 ans modéliste	6 mois
25 ans formateur	27 ans assistante en importation	9 mois
27 ans informaticien	26 ans agent commercial	8 mois
37 ans technicien	36 ans gestionnaire	8 mois

Futur père	*Future mère*	*Mois de grossesse*
31 ans attaché de presse	36 ans informaticienne	9 mois
31 ans chef de service	31 ans chef de projet marketing	7 mois
28 ans moniteur chauffeurs poids lourds	25 ans kinésithérapeute	8 mois
30 ans professeur (sport)	38 ans professeur	9 mois
30 ans informaticien	28 ans employée de banque	7 mois
36 ans conseiller en communication	34 ans directrice artistique en communication	8 mois

Population interviewée par Clarisse Baron, dans le cadre de son mémoire en vue de l'obtention du DESS (effectué sous notre direction).

Annexe 7

Huit femmes ont été interviewées (chaque entretien durait environ trois heures).

36 ans	comptable	1 fille de 5 ans
31 ans	attachée commerciale	1 fille de 6 mois
37 ans	pharmacienne	1 garçon de 4 ans
39 ans	chargée de recrutement	1 fille de 19 mois (APEC)
33 ans	professeur d'anglais	1 fille de 9 mois (Éducation nationale)
36 ans	secrétaire de direction trilingue (ministère)	1 garçon de 1 an
38 ans	dermatologue	1 garçon de 3 ans
34 ans	assistante sociale (mairie de Paris)	1 fille de 3 ans et demi

Elles sont toutes titulaires du baccalauréat, et 7 sur 8 ont au moins deux années et plus d'études supérieures. Elles sont agents de maîtrise et cadres, et bénéficient d'horaires de travail aménageables. Toutes travaillent depuis plusieurs années dans la même entreprise. Quatre d'entre elles ont une grande sécurité d'emploi. Elles n'ont jamais connu de période de chômage. Leurs enfants ont une place à la crèche, et elles se font aider dans leurs activités ménagères pour conserver une certaine « autonomie ».

Ces conditions de vie, qui allient une relative aisance matérielle et un certain bien-être, ont constitué des critères fondamentaux pour leur permettre d'envisager une maternité en célibataire.

Ces femmes font part de leur incapacité à partager une vie commune avec un homme qui est le père de leur enfant.

— *Un mode d'affirmation identitaire parfois dévalorisé par rapport à la mère :*

« Ma mère... tout ce qu'elle faisait, elle le réussissait... Peut-être avoir un enfant toute seule, c'était faire encore mieux, puisque moi je bosse, tout, et en plus je suis toute seule pour m'occuper de ma môme » (34 ans, assistante sociale, fille de 3 ans et demi).

— *Un rôle de père mal défini, un rôle de mère omniprésent :*

Ces femmes pensent que leur présence est suffisante pour l'enfant. Le conjoint idéal est plus un amant qu'un père pour leur enfant.

« Moi, je pense pas qu'un père soit absolument indispensable pour l'enfant. En fait, ça dépend beaucoup comment la mère le vit, comment elle vit le fait de ne pas avoir d'homme à la maison... Parce que si la mère est équilibrée, qu'il y a quand même des références masculines autour de l'enfant... si la mère apporte tout l'amour et l'attention dont il a besoin, elle remplace le père... Moi, je ne vois pas trop ce qu'un père lui apporterait de plus » (31 ans, attachée commerciale, une fille de 6 mois).

— *Elles sont ambivalentes,* comprises entre l'incapacité à faire une place au père de l'enfant et l'inquiétude de voir leurs enfants grandir sans se référer au masculin. En même temps, elles refusent de faire des sacrifices pour l'homme.

« Je préfère nettement me priver d'une partie de ma liberté pour mon enfant, plutôt que pour mon conjoint, pendant que lui en bénéficie parce que je fais les choses à sa place. Pour mon enfant, c'est normal, je l'ai choisi, je le savais... j'en vois tellement autour de moi qui sont en couple et qui rament, parce que le mec ne veut pas sacrifier sa vie professionnelle. Des copines qui du coup en veulent à leur mec et ça gâche tout. Le soir quand il rentre, elle est déjà crevée et furieuse contre lui, alors je vois pas ce qu'elle gagne » (31 ans, attachée commerciale, une fille de 6 mois).

« L'enfant est une source unique d'amour. » C'est l'unique personne qui vous aime pour ce que vous êtes... Je prends un plaisir fou à la voir vivre... « (34 ans, assistante sociale, une fille de 3 ans et demi).

« Il y a des moments où j'aimerais qu'elle ait un père quand même... Mais si elle avait un père à mi-temps, ce serait amplement suffisant » (39 ans, chargée de recrutement, une fille de 19 mois).

« Ma grande angoisse, c'est comme elle va le vivre plus tard, comment elle va assumer le fait de ne pas avoir eu de père, comment elle l'affrontera. C'est vraiment une seule et grande angoisse » (38 ans, dermatologue, un garçon de 3 ans).

(Mémoire de Anne-Gaëlle Hot, *Les mères célibataires volontaires*.)

Annexe 8

Sept femmes qui ont recours à l'insémination artificielle par donneur ont été interviewées. Il s'agissait de comprendre les pratiques de ces femmes au regard de leur histoire personnelle, de leur vie de couple et des modalités d'appropriation de l'insémination artificielle comme forme de maternité. Ainsi était étudié le vécu des relations aux acteurs intervenant dans le cadre de la maternité par donneur (les médecins, le donneur tel qu'il est imaginé, le conjoint et le vécu par l'homme et la femme de la stérilité). Ce travail, effectué sous ma direction par Sophie-Emmanuelle Jarlaud, dans le cadre de son DESS, met en évidence le double travail de deuil que les femmes ont à effectuer. Elles doivent faire « le deuil de la fécondité du couple et de l'enfant imaginaire » et « s'approprier une démarche artificielle pour en faire une démarche naturelle ». Cela suppose « la *gestion des fantasmes,* la *reconstruction d'une image du père* et la *réélaboration du désir d'enfant* ».

Annexe 9

Chaque père et chaque fille interviewés appartenaient à la même famille. C'est ainsi qu'ont été interviewés cinq pères et cinq filles, séparément. Les âges et les professions de chacun étaient les suivants :

Père	*Fille*
53 ans, cadre commercial	22 ans, étudiante
45 ans, cadre supérieur	24 ans, étudiante
56 ans, cadre	26 ans, hôtesse
60 ans, cadre	20 ans, étudiante
69 ans, retraité (cadre de l'industrie)	20 ans, étudiante

Il s'agissait d'une population appartenant à la classe moyenne, voire supérieure. Ce travail a été fait sous ma direction, dans le cadre du DESS de Sophie Russel.

Ces pères n'ont pas assisté à l'accouchement de leurs enfants, et leur participation aux tâches domestiques est quasiment inexistante. L'éducation de leur fille était plutôt, selon eux, du ressort de leur femme, qui pourtant travaillait (sauf une). Ils ont partagé très peu d'activités communes avec leur fille. Les pères s'interrogent sur leur rôle. Leurs interrogations témoignent de leur intérêt, de leur capacité à se remettre en question autour des relations lointaines, et du fait qu'ils rentraient tard. Ils se jugent rétrospectivement « négligents », « paresseux », « superficiels », « inconscients », n'étant pas non plus disponibles pour leur fille le week-end.

Ils n'avaient pas de principes éducatifs. Ils se préoccupaient de la santé de leur fille, de ses résultats scolaires. Il y a eu des conflits à l'adolescence pour les sorties et les fréquentations de leur fille. Mais ces pères ne choisissent plus le mari « idéal », même s'ils émettent des jugements. Il fallait toutefois un seuil de correction : « Je n'aurais pas apprécié qu'il ait une banane, ou des tatouages, ou des cheveux rouges ou bleus. »

Bref, ces pères se sentent maladroits, mais certainement pas indifférents. Ces pères modifient avec leur fille la relation que leur père a eue avec eux. Ils ne se définissent pas dans l'autorité. Ils ne sont ni *pater familias,* ni « nouveaux pères ». Ils semblent avoir peur d'une véritable relation avec leur fille.

Les filles sentent le danger des frontières et de l'ambivalence. Elles idéalisent leur père car il est « absent », « insaisissable », « inaccessible ». Mais il est aussi père nourricier, éducateur, transmettant un savoir. Elles auraient aimé se rapprocher de lui, elles l'admirent.

Les décalages dans les attentes entre les pères et les filles constituent un moteur de changement. Elles témoignent du fait qu'elles auraient aimé vivre un Œdipe avec un père plus présent. Elles parlent du père qu'elles aimeraient pour leurs enfants comme un père idéalisé, « qu'on n'a pas eu pour soi ». Elles attendent que ce futur père soit différent, plus présent et plus proche de l'enfant.

Dans une perspective future de plus grande proximité entre les pères « impliqués », présents, et leur fille, la participation de la femme comme « acteur séparateur » peut se concevoir, c'est-à-dire dans une plus grande maturation identitaire l'amenant à dépasser et à se séparer de ses « archaïsmes » de l'enfance au profit d'une féminité plus affirmée.

Annexe 10

La population auprès de laquelle nous avons mené notre enquête sur les liens téléphoniques entre les pères non gardiens et leurs enfants était composée de la manière suivante :

Âge des pères

Moins de 30 ans	10
Entre 30 et 40 ans	78
Entre 40 et 50 ans	63
50 ans et plus	15
	166

Nombre d'enfants par père

1 enfant	84
2 enfants	50
3 enfants	23
4 enfants	6
5 enfants	1
6 enfants	1
Non précisé	1
	166

Nombre total d'enfants : 280

Nombre moyen d'enfants par père : 1,70

Profession des pères

Cadre supérieur	7
Cadre moyen	84
Technicien, employé	49
Ouvrier	8
Agriculteur	2
Militaire	4
Retraité	1
Sans emploi	7
Non précisé	4
	166

Âge des enfants (sachant qu'il peut y avoir plusieurs enfants par père)

Moins de 5 ans	47
De 5 à 10 ans	107
De 10 à 18 ans	86
18 ans et plus	14
Non précisé	26

Le père vit seul ou en couple

Seul	93
En couple	70
Non précisé	2
Chez sa mère	1
	166

Le livret de paternité et son dépassement

Vers la reconnaissance de l'homme comme acteur éducatif à part entière dans l'univers de la petite enfance et dans les institutions de la petite enfance

Des transformations importantes

Nous avons proposé la création d'un livret de paternité dès 1997 ; nous sommes à l'origine du projet qui a été développé par le ministère de la Famille, et nous avons contribué à sa réalisation. En effet, l'idée d'un livret s'est imposée à nous, à plus d'un titre, y compris sous l'angle préventif, dans le cadre de nos recherches au CNRS, sur la complexité du passage du conjugal au parental, sur la maternité et la paternité. Car, s'il existe un livret de maternité (qu'il s'agira, par ailleurs, de réactualiser), il n'existe pas de livret de paternité, comme si la naissance et la petite enfance ne concernaient toujours pas l'homme, même si, désormais, la culture de la petite enfance entre dans la culture de la paternité. Car il s'agit aussi de rappeler les responsabilités, les droits et les devoirs de chacun dans un contexte en changement. De plus, la place du père, dans la société en général, et de l'homme en particulier, dans les maternités ou les institutions qui s'occupent de la petite enfance, n'est pas toujours bien définie et doit, de ce fait, être reconsidérée.

On ne saurait ignorer, en effet, que des changements importants sont intervenus, à l'échelle de l'histoire, de la société, des mentalités et des mœurs. Ils se sont traduits par la référence à l'égalité des droits civiques et sociaux entre les hommes et les femmes, le travail salarié des femmes et de nouvelles configurations telles que : la preuve sérologique possible de paternité ; l'augmentation des naissances hors mariage et la nécessité d'entreprendre des démarches pour obtenir l'exercice de l'autorité parentale ; l'inscription possible dans la filiation par le nom du père et de la mère ; la transformation de la puissance paternelle en autorité parentale et en coparentalité ; l'attribution majoritaire de la garde de l'enfant à la mère en cas de séparation conjugale, revue et corrigée avec la mise au point de la garde alternée ; un nouveau contexte de procréation médicalement assistée (banque de sperme) ; l'égalité des droits entre enfants légaux et adultérins...

De fait, la paternité a ainsi tendance à ne plus être investie comme avant, dans le sens où l'institution familiale et le rôle qui la signifiaient autrefois ont changé. Qui plus est, elle semble ne pas être suffisamment sollicitée, surtout si on la compare au surinvestissement et à la surresponsabilisation des mères, dans la société contemporaine.

Par ailleurs, le statut de la paternité a toujours été particulier, du fait de l'absence de transformation physique – par opposition à celle de la femme – durant l'attente de l'enfant. Aussi le père a-t-il surtout été désigné de manière symbolique, dans une relation de distance avec l'enfant, comme représentant de la loi et responsable économique au foyer, alors qu'aujourd'hui la diversité du contexte familial est patente, et l'exercice ainsi que la conception juridique de l'autorité et les attentes éducatives ne sont plus tout à fait les mêmes qu'autrefois.

Un tournant

Si les attributs antérieurs de la paternité subsistent, ils semblent avoir perdu une certaine exclusivité, dans la mesure où le partage des responsabilités économiques, éducatives, entre l'homme et la femme constitue une nouvelle réalité ; à l'inverse, l'appréhension de l'affectif a souvent été dévolue, de manière exclusive, à la femme.

Aujourd'hui, les exigences en matière d'éducation de l'enfant – dont il s'agit d'accompagner l'affirmation de la personnalité et la construction de l'autonomie psychique – sollicitent fortement la participation du père, ainsi que sa présence, sa disponibilité, dans l'interaction, le dialogue, l'attention prodiguée à la femme et les soins dispensés à l'enfant.

Un acte d'engagement

La paternité renvoie, aujourd'hui, davantage à un acte d'engagement de la part du futur père, dans sa volonté de prendre sa place et de la garder auprès de l'enfant. Elle sollicite le développement de la conscience paternelle qui engendre une implication parfois inédite plutôt que le suivi d'un rôle transmis, car la part d'innovation est réelle, là où la transmission fait défaut ou n'est pas toujours adaptée. Mais il serait vain de prétendre que cet engagement coule de source ; il s'agit d'une maturation lente et progressive, traversée de fluctuations, et le devenir-père, loin d'être automatique, est variable, rempli d'aléas et dépend d'un grand nombre de facteurs.

Des remaniements identitaires

Si faire un enfant peut relever, plus qu'auparavant, du choix – avec la plus grande maîtrise de la reproduction – et s'intègre généralement dans une dynamique conjugale qui, elle aussi, a été choisie, la venue de l'enfant, qui représente un événement extraordinaire, n'en est pas, pour autant, nécessairement vécue comme tel. L'annonce de l'attente de l'enfant peut ne pas déclencher une adhésion immédiate, tant elle est synonyme de remaniements identitaires, et tant ceux-ci sont importants, aujourd'hui, dans un contexte de recherche d'affirmation personnelle. Il est fondamental d'en avoir conscience et de ne pas négliger cet aspect. Des groupes de parole de futurs pères et de pères existent à cet effet : ceux qui sont encadrés par Alain Benoît (pédiatre) à la clinique de Châtenay-Malabry, par exemple.

La dynamique conjugale se transforme, elle aussi, à la suite de l'attente d'un enfant, impliquant des réajustements entre les partenaires, qu'il s'agisse des humeurs, de la sensibilité, de l'émotion, de la sexualité, de l'entente quotidienne, de la projection dans le futur. Là encore, en parler avec des personnes de confiance, chargées de consultations dans les mairies ou les hôpitaux, peut aider à contourner l'angoisse engendrée par le changement de situation. Les décalages entre l'homme et la femme peuvent exister, alors même qu'il s'agit de porter attention à la femme qui subit des transformations et, donc, de la sécuriser et de la rassurer ; d'autant que la culture ambiante peut parfois rendre la communication difficile, tant il peut s'avérer délicat de parler du ressenti de ses différences. Il n'est pas exclu que le futur père soit aux prises avec des angoisses et que des pulsions agressives, ou encore des réflexes de fuite, surgissent, tant le passage du conjugal au parental peut être délicat dans une société qui n'y prépare pas. Ce n'est pas un hasard si des rites de passage ont accompagné l'entrée en parentalité (la couvade pour le père), ou encore si des consignes éducatives étaient dispensées. Pourtant, de nouvelles pratiques, comme l'haptonomie, qui consiste à sentir l'enfant par le toucher du ventre de la mère, ou encore des nouvelles normes, comme le fait d'assister pour le père aux échographies, à l'accouchement, ont vu le jour. Mais, là encore, il s'agit de savoir prendre en considération les attentes de chacun et de savoir ménager les sensibilités, y compris la sienne ; car, si certains tabous sont tombés, ils n'en demeurent pas moins présents en fonction des cultures et des histoires personnelles, et, s'il s'agit d'y adhérer, il est préférable d'en discuter et de s'y préparer.

Une complexité croissante, des exigences à la hausse

Il n'existe pas de mode d'emploi ou de recette pour devenir parent, qu'il s'agisse d'être père ou mère, alors même que les attentes sont devenues plus complexes, car elles combinent la recherche d'affirmation identitaire personnelle, les attentes à l'égard de l'autre, en général et dans le partage de l'intimité, de la sensibilité, de l'émotion, de la sexualité, des aspirations professionnelles et, bien évidemment, des attentes vis-à-vis de cet enfant à naître. Les espérances sont à la fois précises et diffuses, communes et différentes, elles nécessitent authenticité, dialogue, ajustement, négociation. Or il est important de ne pas se voiler la face et de reconnaître que la communication peut s'avérer difficile, car elle touche des points sensibles, sollicite la profondeur des êtres, ne relève pas du langage courant, renvoie à des thèmes tabous, l'attente de l'enfant étant associée à l'angélisme et à des images d'Épinal qui ne prennent pas toujours en compte la complexité de la situation.

Innovation

La naissance est aujourd'hui un passage qui n'est plus autant accompagné par la tradition ou la transmission de savoir-faire, et qui sollicite l'histoire personnelle et les potentialités individuelles ; pour les hommes, en effet, l'histoire de leur père est souvent en décalage avec la paternité actuelle qui valorise la présence, l'implication au quotidien, et son partage avec une femme s'affirmant socialement et ayant des droits civiques et sociaux. Il s'agit d'une paternité qui innove par rapport au passé et aux valeurs des générations précédentes. Elle implique, dans ce sens, des initiatives, du recul par rapport à soi et à son histoire personnelle, et n'exclut pas, par exemple, le développement de nouveaux réseaux de solidarité entre hommes, d'où les échanges entre pères qui commencent à se développer, sur Internet... Un grand nombre de situations sont nouvelles, comme la participation des pères aux échographies – avec le développement des technologies (et si, par exemple, on ne désire pas connaître le sexe de l'enfant, il sera bon d'en informer l'équipe médicale....) – ou leur participation à l'accouchement, dans la mesure où l'univers de la naissance et de la petite enfance était réservé auparavant aux femmes et aux spécialistes. C'est aussi pour cela qu'il est conseillé de dialoguer, afin de choisir la solution qui conviendra le mieux aux deux partenaires, en ce qui concerne la préparation aux séances d'accouchement ou la participation à l'accouchement ; et, si le futur père n'a pas semblé enthousiaste à l'annonce de l'attente de l'enfant, s'il ne s'investit pas dans la préparation de la chambre de celui-ci, ou s'il refuse d'assister à l'accouchement, ce n'est pas pour autant qu'il n'aime pas sa partenaire ou qu'il est un mauvais père – comme le rappellent M. Jacquet et M. Nobécourt dans leur ouvrage, *Une année dans la vie d'une femme*. Il est important que chacun des partenaires respecte sa sensibilité, son rythme, son histoire personnelle – et permette à l'autre d'en faire autant –, et sollicite les conseils de l'équipe médicale, sans s'enfermer dans une quelconque culpabilité.

Tolérance, compréhension, ouverture, climat de confiance et de sécurité constituent, en effet, des conditions favorables au bon accueil de l'enfant.

Il importe de ne pas se plier aux normes par conformisme, mais par choix. Et certaines précautions qui consistent, par exemple, à ne pas se mettre en face de la femme qui accouche, mais à côté, c'est-à-dire à proximité de son visage, peuvent permettre de maintenir de bonnes relations. Par ailleurs, il s'agit de ne pas interpréter les transformations biologiques de la femme (qui peut avoir subi des interventions chirurgicales) et ses attitudes comme un rejet à l'égard de l'homme, qui aboutirait, pour lui, à une remise en cause de sa virilité. Chacun peut, à sa manière, être en attente de réassurance identitaire, l'homme vis-à-vis de sa virilité, la femme vis-à-vis de sa féminité. Il est normal que le couple mette du temps à retrouver un équilibre, y compris sexuel : la femme vit des transformations importantes ; elle est fortement sollicitée, dès la naissance, dans un rôle très nouveau pour elle – celui de mère –, entouré d'une imagerie naïve ou d'une auréole désuète qui ne colle pas avec la réalité, à savoir l'impératif d'être une bonne mère qui pèse sur elle. Laisser à la femme la possibilité d'exprimer son ressenti, de raconter son histoire et d'être entendue constituerait aussi un pas en avant, comme le mentionne C. Garnier-Petit dans son ouvrage *Mal de mère, mal d'enfant*. Alors même que la place du père est en pleine évolution et que cette situation n'est pas encore réellement reconnue comme telle, ce qui entraîne des ambivalences, des tensions et un flou qui peut se révéler désarmant, angoissant.

Un désarroi qu'on ne doit pas craindre d'identifier, de s'avouer et de transformer en dynamique positive, par la créativité, des initiatives...

Des liens à l'enfant qui se tissent dès le départ

S'il est vrai que la femme peut avoir tendance à se replier sur l'attente de l'enfant ou sur celui-ci, dès la naissance, il ne faut pas oublier, encore une fois, que tout la pousse dans cette direction, alors même que, par ailleurs, on est en plein bouleversement en ce qui concerne la place du père qui, de ce fait, est objet de controverse. Pourtant, si tout converge pour qu'à l'avenir la place du père soit mieux définie et reconnue – et les initiatives en matière de politique familiale vont dans ce sens –, on peut parfois penser que la paternité est en perte de vitesse. Or c'est le contraire qui se passe, dans la mesure où la responsabilité individuelle augmente, ainsi que le partage des rôles. La nécessité de la place du père auprès de la mère n'est plus à démontrer – tant sa présence bienveillante, aimante est importante –, pas plus que son rôle séparateur de la fusion mère-enfant, sa capacité à dispenser des soins à l'enfant, ou sa fonction affective, accompagnatrice, sécurisante, épanouissante, auprès de l'enfant. C'est dans ce sens que l'implication du père est fondamentale. Car d'elle dépendra la place que la femme lui fera, que l'enfant lui fera, que la société lui reconnaîtra. Si la prise de conscience du fait de devenir père, d'être père se fait progressivement, par paliers, le lien à l'enfant concerne désormais le père, dès l'attente et l'arrivée de celui-ci, ainsi que l'implication directe par sa présence dans l'accompagnement de son bien-être. Il s'agit d'un grand changement, récent, dans la mesure où la petite enfance était, il y a peu de temps encore, l'affaire des femmes. C'est une chance pour le père, une opportunité à saisir. Le congé de paternité est révélateur à cet égard : il montre l'importance de la présence masculine dans l'espace domestique en général et en particulier, et signifie à quel point sa participation est fondamentale, au côté de la mère fatiguée physiquement, à une période cruciale de mise en place, d'accompagnement et d'installation d'un enfant lors de son arrivée sur terre, et la relation du père avec son enfant n'en sera que meilleure si le lien s'est véritablement construit dans un rapport direct, dès le départ.

Il est clair que ce livret de paternité devrait intégrer la référence à l'ensemble des nouvelles situations familiales, y compris l'homoparentalité et la beau-parentalité, et qu'il a surtout pour vocation de rappeler l'importance du tiers séparateur dans une société qui sollicite essentiellement les femmes, pour l'affectif et l'éducatif.

Bibliographie

Actes de la recherche en sciences sociales, « Masculin/féminin », n° 83-84, 3e trimestre 1990.

Arènes J., *Y a-t-il encore un père à la maison ?,* Paris, Fleurus, 1997.

Ariès Ph., *L'enfant et la vie familiale sous l'Ancien Régime,* Paris, Seuil, « Points Histoire », 1973, 316 p. ; *Histoire de la vie privée,* Paris, Seuil, 1987.

Assoun P.-L., « La réconciliation avec le père », *Esquisses psychanalytiques,* Centre de recherche et de formation psychanalytiques, printemps 1993.

Azoulay M., *De père en père,* Paris, A.-M. Métailié, 1988, 207 p.

Badinter É., « Des causes de l'évolution du modèle paternel », *Le Groupe familial,* n° 92, Paris, juillet-septembre 1981 ; *L'amour en plus : histoire de l'amour maternel, XVIIe-XXe siècle,* Paris, Flammarion, 1981, 372 p. ; *L'un est l'autre,* Paris, Odile Jacob, 1986 ; *XY. De l'identité masculine,* Paris, Seuil, « Points », 1992, 318 p.

Balandier G., *Anthropologie politique,* Paris, PUF, 1967.

Balandier G., *Anthropo-logiques,* Paris, PUF, 1974.

Barbara A., *Mariages sans frontières,* Paris, Centurion, 1985.

Battagliola F., *Histoire du travail des femmes,* Paris, La Découverte, « Repères », 2000.

Battagliola F., Jaspers M., *Séquences de la vie familiale, évolution des rapports familiaux,* rapport IEDF, novembre 1987.

Becchi E. et Julia D. (dir.), *Histoire de l'enfance en Occident,* Paris, Seuil, 1998.

Béjin A., *Le nouveau tempérament sexuel,* Paris, Kimé, 1990, 136 p.

Belotti Gianini E., *Les femmes et les enfants d'abord !,* Paris, Seuil, 1983.

Benhamou N., *À propos de dix cas cliniques… Contribution à la réflexion sur la procréation artificielle,* thèse de médecine, faculté de Bobigny, 1987.

Benoît A., « Une préparation pour les pères », *Les Cahiers de l'obstétrique,* n° 178, novembre 1990.

Bersihaud G., *Les filles et leurs pères,* Paris, Robert Laffont, 1992.

Bertaux D., Delcroix C., « Des pères face au divorce. La fragilisation du lien parental », *Espaces et familles,* Paris, CNAF, n° 17, 1990.

Bethke E. J., *Public Man, Private Woman,* New Jersey, Princeton Univ. Press, 1981.

Blöss T. (dir.), *La dialectique des rapports hommes-femmes,* Paris, PUF, 2001.

Blunden K., *Le travail et la vertu : femmes au foyer : une mystification de la révolution industrielle,* Paris, Payot, 1982, 251 p.
Bly R., Iron J., *A Book about Men,* New York, First Vintage Book Edition, 1992, 268 p.
Boileau F., Lefaucheur N., Peyre V., *Lectures sociologiques du travail social. Familles monoparentales. Les mots pour le dire,* Paris, Éd. Ouvrières, 1985.
Bonnet J.-C., « De la famille à la patrie », *in* J. Delumeau, D. Roche (dir.), *Histoire des pères et de la paternité,* Paris, Larousse, 1990, p. 235-259.
Borneman E. M., *Le patriarcat,* Paris, PUF, « Perspectives critiques », 1979.
Borrillo D., Fassin É., Jacub M., *Au-delà du PACS. L'expertise familiale à l'épreuve de l'homosexualité,* Paris, PUF, 2000.
Boswell J., *Les unions du même sexe dans l'Europe antique et médiévale,* Paris, Fayard, 1996, 537 p.
Bourdieu P., « La domination masculine », *Actes de la recherche en sciences sociales,* Paris, n° 84, septembre 1990 ; *La domination masculine,* Paris, Seuil, 1998.
Bourguignon O., « La question de l'enfant », *L'Année sociologique. Sociologie de la famille (1965-1985),* Paris, 1987.
Bozon M., « Les femmes et l'écart d'âge entre conjoints : une domination consentie », *Population,* n° 2, 1990, p. 327-360 ; « Évolution ou déclin du rituel matrimonial, une analyse par catégorie sociale », *Familles et contextes sociaux. Les espaces de la diversité,* Actes du Colloque de Lisbonne, 10-12 avril 1991, Lisbonne, GREF/CIES/ISCTE, 1992, p. 13-71.
Bozon M., Heran F., « La découverte du conjoint, I et II », *Population,* n° 6, 1987, p. 943-986 ; n° 1, 1988, p. 121-150.
Bril J., *Le masque ou le père ambigu,* Paris, Payot, 1983, 233 p.
Brisset C., *Un monde qui dévore ses enfants,* Liana Lévi, 1997.
Brousse C., *La répartition du travail domestique entre conjoints reste très largement spécialisée et inégale,. France, portrait social,* Paris, INSEE, 1999.
Cabentous A., « La fin des patriarches », *in* J. Delumeau, D. Roche (dir.), *Histoires des pères et de la paternité,* Paris, Larousse, 1990, p. 323-349.
Cai H., *Une société sans père,* Paris, PUF, 1997.
Cardia-Vonecke L., Bastard B., « Le divorce autrement : la médiation familiale », *Alternatives sociales,* Paris, Syros, 1990.
Castel R., *La gestion des risques,* Paris, Minuit, 1981.
Castells M., *La société en réseau,* Paris, Fayard, 1996.
Castelain Meunier C., « Notes de recherche sur les transformations culturelles du masculin », *Information sur les sciences sociales,* Londres, Sage, New Delhi, Beverly Hills, 25 février 1986, p. 451-473 ; *Les hommes aujourd'hui. Virilité et identité,* Paris, Acropole, 1988, 273 p. ; *Cramponnez-vous les pères ! Les hommes face à leur femme et à leurs enfants,* Paris, Albin Michel, 1992, 217 p. ; *Les femmes âgées françaises : état des lieux,* Actes du Colloque de la Dane Age Foundation, 1994, 26 p. ; « Du mouvement des femmes à la paternité contemporaine », *in* F. Dubet, M. Wieviorka (dir.), *Penser le sujet. Autour d'Alain Touraine,* Paris, Fayard, 1995, p. 197-206 ; *La paternité,* Paris, PUF, « Que sais-je ? », n° 3229, 1997, 128 p. ; *Pères, mères, enfants,* Flammarion, « Dominos », n° 184, 1998.
Castelain Meunier C., Fagnani J., « Deux ou trois enfants ? Pratiques des classes

moyennes en Île-de-France », *Espaces et familles,* n° 18, Paris, CNAF, septembre 1991, 105 p.

Castellan Y., *La famille,* Paris, PUF, 1982, 128 p.

Chalvon-Demersay S., *Concubin concubine,* Paris, Seuil, 1983, 188 p. ; *Mille et un scénarios,* Paris, A.-M. Métailié, 1994, 193 p. ; « Une société élective », *Terrains,* n° 27, septembre 1996, p. 81-100.

Chartier J.-P., Chartier L., *Les enfants martyrs,* Paris, Payot, 1993, 242 p.

Chaudron M., *Éléments pour une analyse de mobilité familiale (de classes) des hommes et des femmes,* Paris, Colloque Association internationale de sociologie, 1981.

Chodorov N., *The Reproduction of Mothering,* Berkeley, Univ. of California Press, 1978.

Chouchon L., *Le papanoïaque,* Paris, Hachette, 1980.

Chronique d'une imposture. Du mouvement de libération des femmes à une marque commerciale, Paris, Association Mouvement pour les luttes féministes, 1981.

Clerget J., Clerget M.-P., *Places du père, violence et paternité,* Lyon, Presses Universitaires de Lyon, 1992.

Colloque international (Actes du), *Les pères aujourd'hui* (1981), Paris, Institut national d'études démographiques, 1982, 199 p.

Colloque *Rencontres avec la psychanalyse. Les fonctions du père,* Paris, MIRE-CNRS, 4-5-6 mai 1987.

Colmou A.-M., *L'encadrement supérieur dans la fonction publique : vers l'égalité entre hommes et femmes,* rapport au Premier ministre, 1999.

Commaille J., *Famille sans justice ?,* Paris, Centurion, 1982 ; *Les stratégies des femmes. Travail, famille et politique,* Paris, La Découverte, 1994, 185 p.

Connell R. W., *Masculinities,* Berkeley, Univ. of California Press, 1995, 295 p.

Corneau G., *Père manquant, fils manqué. Que sont les hommes devenus ?,* Montréal/Québec, Éditions de l'homme, 1989, 183 p. ; *N'y a-t-il pas d'amour heureux ? Comment les liens père-fille et mère-fils conditionnent nos amours,* Paris, Robert Laffont, 1997.

Cyrulnik B., *Sous le signe du lien. Une histoire naturelle de l'attachement,* Paris, Albin Michel, « Histoire et philosophie des sciences », 1989.

Dagnaud M., Mehl D., *Merlin l'enfanteur,* Paris, Ramsay, 1987.

Daloz L., « Share parenting : The male perspective », *in* R. A. Lewis (éd.), *Men in Difficulties,* Englewood Cliffs (NJ), Prentice Hall, 1981, p. 176-189.

Dekeuwer-Défossez F., *Rénover le droit de famille,* Paris, La Documentation française, 1999.

Delaisi de Parseval G., « Réflexions sur les vecteurs de parentalité en IAD », *Psychanalyse à l'Université,* n° 28, septembre 1982 ; « Les pères français d'hier à aujourd'hui », *Les Temps modernes,* vol. 42, n° 482, 1986, p. 35-70 ; *Enfants de personne,* Paris, Odile Jacob, 1994.

Delaisi de Parseval G., Lallemand S., *L'art d'accommoder les bébés* (1980), rééd., Paris, Odile Jacob, 1998 ; (dir.), *Les sexes de l'homme,* Paris, Seuil, 1985 ; *La part du père,* Paris, Seuil, 1981 (rééd., 1998).

Delaisi de Parseval G., Janaud G., *L'enfant à tout prix. Essai sur la médicalisation du lien de filiation,* Paris, Seuil, 1983 (rééd., Seuil, « Points actuels », 1987).

Delaisi de Parseval G., Verdier G., *Enfant de personne,* Paris, Odile Jacob, 1994 ; *La part de la mère,* Paris, Odile Jacob, 1997.

Delassus J.-M., *Le sens de la maternité,* Paris, Dunod, 1995 ; *La nature du bébé,*

Paris, Dunod, 1997 ; *Devenir mère. Histoire secrète de la maternité,* Paris, Dunod, 1998.
Delbourg-Delphy M., *Masculin singulier,* Paris, Hachette, 1985.
Delcroix C., « À la recherche des pères défaillants », *Le Groupe familial,* n° 126, Paris, janvier 1990.
Delphy Ch., *Penser le genre,* Paris, Syllepse/Éd. féministes, 2001.
Delumeau J., Roche D. (dir.), *Histoire des pères et de la paternité,* Paris, Larousse, 1990, 477 p.
Desplanques G., « Un premier enfant de plus en plus tard », *INSEE Première,* Paris, INSEE, n° 247, février 1993 ; « Activité féminine et vie familiale », *Économie et statistique,* Paris, INSEE, n° 261, 1993.
Devreux A.-M., Ferrand M., *Vécu de la paternité et rôle paternel. Une approche biographique de l'attitude des hommes face à la procréation,* Paris, Ministère de la Santé / CAESAR, 1986.
Dubet F., *Sociologie de l'expérience,* Paris, Seuil, 1994, 272 p.
Dubet F., Wieviorka M. (dir.), *Penser le sujet. Autour d'Alain Touraine,* colloque de Cerisy, Paris, Fayard, 1995, 633 p.
Dubreuil É., *Des parents du même sexe,* Paris, Odile Jacob, 1998.
Duby G., *Le chevalier, la femme et le prêtre,* Paris, Hachette, « Pluriel », 1981, 312 p.
Dulac G., « La paternité, les transformations sociales récentes » (Ph.D.), *Études et recherches,* Québec, 2e trimestre 1993, 93 p. ; *Penser le masculin. Essai de la trajectoire des militants de la condition masculine et paternelle,* Institut québécois de recherche sur la culture, 1994, 153 p. ; *Recueil de textes sur la paternité,* Centre d'études appliquées sur la famille, Université McGill.
Dumas D., *La sexualité masculine,* Paris, Albin Michel, 1990, 258 p. ; *L'ange et le fantôme,* Paris, Minuit, 1985 ; *Hantise et clinique de l'autre,* Paris, Aubier, 1989 ; *Sons, Lovers and Fathers,* New Jersey, Jason Aronson, 1997 ; *Sans père et sans parole. La place du père dans l'équilibre de l'enfant,* Paris, Hachette, 1999 ; *Et l'enfant créa le père,* Paris, Hachette, 2000.
Dumézil G., *Heur et malheur du guerrier,* Paris, Flammarion, « Nouvelle Bibliothèque scientifique », 2e éd. remaniée, 1985, 236 p.
Dupuis J., *Au nom du père : une histoire de la paternité,* Monaco, Le Rocher, 1987, 281 p.
Elias N., *La société des individus,* Paris, Fayard, 1991.
Éribon D., *Réflexions sur la question gay,* Paris, Fayard, 1999.
Erhenreich B., *The Hearts of Men,* New York, Anchor Press / Doubleday, 1984.
Esprit, « Malaise dans la filiation », Paris, Seuil, décembre 1996, 214 p.
Esprit, « L'un et l'autre sexe », Paris, Seuil, mars-avril 2001.
Éthier M. G., *La côte d'Adam. L'impuissance affective des hommes remonte-t-elle au paradis terrestre ?,* Montréal/Québec, Éd. de l'Homme, 1995, 162 p.
Fagnani J., *Petits arbitrages et grands dilemmes,* Paris, Bayard, 2000.
Faludi S., *Backlash,* Paris, Éd. des Femmes, 1993.
Farge A., *La différence des sexes,* Paris, PUF, 1996.
Farouki N., *La foi et la raison. Histoire d'un malentendu,* Paris, Flammarion, 1996, 321 p.
Ferrand M., « La Comtesse de Ségur et ses pères », *Dialogues,* n° 107, 1990, p. 13-21.

Ferro M., Jeammet Ph., *Que transmettre à nos enfants ?*, Paris, Seuil, 2000.

Fonty B., Bydlowski M., « Présence du père à la naissance », *Le gGoupe familial*, n° 107, avril 1985, p. 40-46.

Foucault M., *Histoire de la sexualité : le souci de soi*, Paris, Gallimard, t. 3, 1984.

Fuller N., Olavaria J., Viveros M., *Hombres e Identidades de Genero*, Investigaciones desde America Latina, CES/faculté de Sciences humaines - Université nationale de Colombie, 2002.

Fréjaville A., « Une métamorphose polythéiste : la fonction paternelle et ses avatars », *Dialogue*, n° 107, 1er trimestre 1990, p. 89-102.

Fresco N., « Le masculin », *Le Genre humain*, Paris, Complexe, 10, 1984.

Freud S., *Trois essais sur la sexualité*, Paris, NRF, « Idées », 1962 ; *La vie sexuelle*, Paris, PUF, 1969, 159 p.

Frischer D., *Les mères célibataires volontaires*, Paris, Stock, 1979.

Garnier-Petit C., *Mal de mère, mal d'enfant*, Paris, Albin Michel, 1997.

Gaudemet J., *Le mariage en Occident*, Paris, Cerf, 1987, 520 p.

Gaulejac V. de, « Pour une approche sociopsychologique des histoires de vie », *Éducation permanente*, n° 72-73 ; « Modes de production de management familial », *Le sexe du pouvoir*, N. Aubert, E. Enriquez, V. de Gaulejac (dir.), Paris, Desclée de Brouwer, 1986, p. 23-31.

Gaulejac V. de, Aubert N., *Femmes au singulier*, Paris, Klincksieck, 1990.

Gerson K., « What do women want from men ? : Men's influence on women work and family choice », *American Behavioral Scientist*, vol. 20, n° 5, 1986, p. 619-634.

Gianini Belotti E., *Du côté des petites filles*, Paris, Éd. des Femmes, 1973.

Giddens A., *The Transformation of Intimacy, Sexuality, Love and Eroticism in Modern Societies*, Cambridge, Polity Press, 1992, 212 p.

Glaude G., Singly F. dc, « L'organisation domestique : pouvoir et négociation », *Économie et statistiques*, n° 18, avril 1986, p. 3-30.

Godelier M., *La production des grands hommes*, Paris, Fayard, 1982, 370 p.

Gratton E., *La libération des pères. Modernité, égalité, paternité*, Paris, mémoire de DEA, Université Paris VII, 2000, 208 p.

Gross M., *Homoparentalités, état des lieu*, Paris, ESF, 2000.

Guerrand R.-H., « Espaces privés », *in* M. Perrot (dir.), *Histoire de la vie privée*, t. 4 : *De la Révolution à la Grande Guerre*, Paris, Seuil, 1987.

Guyomard P., Mannoni M. (dir.), *Le père, métaphore paternelle et fonctions du père : l'interdit, la filiation, la transmission*, Paris, Denoël, 1989.

Haag G. *et al.*, *Travail de la métaphore. Identification/interprétation*, Paris, Denoël, « L'Espace analytique », 1984, 222 p.

Haynal A., « Le syndrome de couvade », *Le Bloc-notes de la psychanalyse*, n° 13, Paris, Georg, mai 1995, p. 184-226.

Hearn J., *Men in the Public Eye. Critical Studies on Men and Masculinities*, Londres/New York, Routledge, 1992, 292 p.

Héritier-Augé F., *Masculin, féminin*, Paris, Odile Jacob, 1996.

Hibert Th., Roussel L. (éd.), *La nuptialité. Évolution récente en France et dans les pays développés*, Congrès et colloques, INED, Paris, PUF, 279 p.

Hirschman A., *Bonheur privé, action publique*, Paris, Fayard, « L'Espace du politique », 1982, 252 p.

Hot A.-G., *Les mères célibataires volontaires,* mémoire de DESS, Paris, École des psychologues-praticiens / Université catholique, 1994.

Houzel D. (dir.), *Les enjeux de la parentalité,* Ramonville-Saint-Agne, Érès, 1999.

Huppert-Laufer J., *La féminité neutralisée ? Les femmes cadres dans l'entreprise,* Paris, Flammarion, 1982.

Hurstel F., « La loi et les lois », *in* P. Guyomard, M. Mannoni (dir.), *op. cit.* ; « Le mari de maman, un père », *L'école des parents,* Paris, 1990, p. 46-53 ; *La déchirure paternelle,* Paris, PUF, « L'Éducateur », 1996, 224 p.

Hurstel F., Delaisi de Parseval G., « Le pardessus du soupçon », *in* J. Delumeau, D. Roche (dir.), *op. cit.,* p. 373-393.

Illich I., *Le genre vernaculaire,* Paris, Seuil, 1983, 249 p.

Informations sociales, « La présence du père », n° 56, Paris, CNAF, 1996, 142 p.

INSEE, « Les familles monoparentales », Paris, Contours et caractères, 1994.

Irigaray L., *Speculum de l'autre femme,* Paris, Minuit, 1974 ; *Ce sexe qui n'en est pas un,* Paris, Minuit, 1983, 217 p.

Jacquet M., Nobécourt M., *Une année dans la vie d'une femme. De la conception d'un enfant au sevrage,* Paris, Albin Michel, 1987.

Jarlaud S.-E., *Dynamique psychologique de la femme en insémination artificielle par donneur,* thèse de DESS, Paris, École des psychologues-praticiens / Université catholique, 1994 ; « Insémination artificielle avec donneur et stratégies féminines », *Dialogue,* n° 131, 1er trimestre 1996, p. 111-116.

Juillerat B., *L'avènement du père. Rite, représentation, fantasme dans un culte mélanésien,* Paris, CNRS/MSH, 1995, 289 p.

Julien Ph., *Le manteau de Noé : essai sur la paternité,* Paris, Desclée de Brouwer, 1991 ; « Repérer la fonction paternelle », *Devenir père, devenir mère,* Ramonville-Saint-Agne, Érès, 1999, p. 126 ; *L'étrange jouissance du prochain : éthique et psychanalyse,* Paris, Seuil, 1995 ; *Pour lire Jacques Lacan,* Paris, Seuil, « Points Essais », 1995 ; *La féminité voilée : alliance conjugale et modernité,* Paris, Desclée de Brouwer, 1997 ; *Tu quitteras ton père et ta mère,* Paris, Aubier, 2000.

Jump Th., Haas L., « Fathers in transition : dual career fathers participating in child care », *in* M. S. Kimmel (éd.), *Changing Men, New Directions in Research on Men and Masculinity,* Californie, A Sage Focus Edition, 1987, p. 83-98.

Kahn A., *Copie conforme,* Paris, Seuil, 1998.

Kauffmann J.-C., *La trame conjugale. Analyse du couple par son linge,* Paris, Paris, Nathan, « Essais et recherches », 1992, 216 p. ; *Sociologie du couple,* Paris, PUF, « Que sais-je ? », n° 2787, 1999 (3e éd.), 128 p. ; *Ego, pour une sociologie de l'individu. Une autre vision de l'homme et de la construction du sujet,* Paris, Nathan, 2001.

Kelen J., *Les nouveaux pères,* Paris, Flammarion, 1986, 274 p.

Kellerhals J., « Les types d'interaction dans la famille », *L'Année sociologique,* n° 37, 1987, p. 153-179.

Kellerhals J., Troutot P.-Y., Lazege E., *Micro-sociologie de la famille,* Paris, PUF, « Que sais-je ? », n° 2148, 1993 (2e éd.), 128 p.

Kellerhals J., Montandon C., *Les stratégies éducatives des familles. Milieu social, dynamique familiale et éducation des pré-adolescents,* Lausanne, Delachaux & Niestlé, 1991, 256 p.

Kellerhals J., Roussel L., *Les sociologues face aux mutations de la famille. Quelques tendances des recherches de 1965 à 1985,* Paris, PUF, 1987.

Kimmel M. S. (éd.), *Changing Men. News Directions in Research on Men and Masculinity,* Californie, A Sage Focus Edition, 1987, 320 p.

Knibiehler Y., *Les pères aussi ont une histoire,* Paris, Hachette, 1987, 338 p.

Knibiehler Y., Fouquet C., *Histoire des mères du Moyen Âge à nos jours,* Paris, Montalba, 1980, 365 p. ; *La femme et les médecins,* Paris, Hachette, « Analyse historique », 1983, 332 p.

Lacan J., « D'une question préliminaire au traitement de la psychose » (décembre 1957 - janvier 1958), *Écrits,* Paris, Seuil, 1966 ; « Fonction et champ de la parole et du langage en psychanalyse », *Écrits, op. cit.*

Lancosme G., « Paternité, paternage et paternitude en France et au Québec », *Place du père, violence et paternité,* Lyon, Presses Universitaires de Lyon, 1992, p. 105-116.

Langevin A., « Temporalité de la pratique. Maternité et paternité, deux espaces-temps vitaux », *Rapports sociaux de sexe,* Actes de la Table ronde internationale des 24-26 novembre 1987, Paris, APRE-CNRS, vol. 2, p. 28-35.

Laqueur Th., *La fabrique du sexe,* Paris, Gallimard, 1992, 355 p.

La Rossa R., « Fatherhood and Social Change », *Family Relations,* vol. 37, n° 4, 1988, p. 451-457.

Laslett P., *Un monde que nous avons perdu. Famille, communauté et structure sociale dans l'Angleterre pré-industrielle,* Paris, Flammarion, 1969.

Laufer J. *et al.* (dir.), *Masculin-féminin : questions pour les sciences de l'homme,* Paris, PUF, 2001.

Le Camus J., *Pères et bébés,* Paris, L'Harmattan, 1995, 230 p. ; *Les racines de la socialité,* Paris, Centurion, 1989 ; *Pères et bébés,* Paris, L'Harmattan, 1995 ; *Le rôle du père dans le développement du jeune enfant,* Paris, Nathan, 1997 ; *Le père éducateur du jeune enfant,* Paris, PUF, 1999 ; *Le vrai rôle du père,* Paris, Odile Jacob, 2000.

Le Gall D., *Le rôle nouveau du père,* Paris, ESF, 1971 ; « Rôle beau-parental et nouvel enfant dans les familles recomposées, *Familles et contextes sociaux. Les espaces de la diversité,* Actes du Colloque de Lisbonne, 10-12 avril 1991, Lisbonne, GREF/CIES/ISCTE, 1992, p. 101-112.

Le Gall D., Martin C., *Les familles monoparentales. Évolution et traitement social,* Paris, ESF, 1987, 119 p. ; *Recomposition familiale, usages du droit et production normative,* Rapport de recherche pour la CNAF, CRTS, Université de Caen, 1990.

Le Goff J. (dir.), *L'homme médiéval,* Paris, Seuil, 1989, 435 p.

Leenhardt P., *Le journal de grossesse d'un père célibataire,* Paris, Presses de la Renaissance, 1982.

Lefaucheur N., « Des bâtards aux filles-mères ou du modèle angélique au modèle patriotique », *in* I. Théry, Ch. Blet (dir.), *La famille, la loi, l'État,* Paris, Imprimerie nationale / Centre Georges-Pompidou, 1989, p. 491-502.

Lefaucheur N., Martin C., *Qui doit nourrir l'enfant dont le père est « absent » ?,* Rapport de recherche sur les fondements des politiques familiales européennes (Angleterre, France, Italie, Portugal), Paris, CNAF, août 1995.

« Le masculin », *Le genre humain,* n° 10, Paris, Éd. Complexe, 187 p.

Leridon H., Villeneuve-Gokalp C., « Être père et mère ! », *Population et société,* n° 220, 1988 ; « Les nouveaux couples : nombre, population caractéristiques et attitudes », *Population,* n° 2, 1988 ; « Constance et inconstances de la famille », *Travaux et documents,* n° 134, Paris, PUF/INED, 1994.

Les pères aujourd'hui, Colloque international, 17-19 février 1981, Paris, INED, 1982, 199 p.

Lett D., *L'enfant des miracles. Enfance et société au Moyen Âge (XIIe-XXIIIe siècle),* Paris, Aubier, 1997.

Lett D., Bidon D. A., *Les enfants au Moyen Âge,* Paris, Hachette, 1997 ; « Tendres souvenirs », *in* J. Delumeau, D. Roche (dir.), *op. cit.,* p. 17-42.

Le Roy P. (dir.), *Le père dans la périnatalité,* Ramonville-Saint-Agne, Érès, 1996.

Lévi-Strauss C., *Les structures élémentaires de la parenté,* Paris, Plon, 1982 ; *Le regard éloigné,* Paris, Plon, 1983.

Lewis R. A., Salt R. E. (éd.), *Men in Families,* Californie, A Sage Focus Edition, 1986, 288 p.

Madame ou Mademoiselle ? Itinéraires de la solitude féminine, XVIIIe-XIXe siècle (textes rassemblés par A. Farge et Ch. Klapisch-Zuber), Paris, Arthaud-Montalba, 1984.

Mannoni M., Guyomard P. (dir.), *Le Père, métaphore paternelle et fonction du père : l'interdit, la filiation, la transmission,* Paris, Denoël, 1989.

Maruani M. (dir.), *Les nouvelles frontières de l'inégalité,* Paris, La Découverte, 1998.

Pitrou A., *Les politiques familiales. Approches sociologiques,* Paris, Syros, 1994.

Marsan H., *La femme sandwich,* Paris, Acropole, 1987, 211 p.

Martin C., « À propos de la désinstitutionnalisation : le cas des recompositions familiales », *Familles et contextes sociaux. Les espaces de la diversité,* Actes du Colloque de Lisbonne, 10-12 avril 1991, Lisbonne, GREF/CIES/ISCTE, 1992, p. 87-100.

Martino B., *Le bébé est un combat,* Paris, TF1 Éd., 1995, 322 p.

Martuccelli D., *Décalages,* Paris, PUF, « Sociologie d'aujourd'hui », 1995, 264 p. ; *Dominations ordinaires. Explorations de la condition moderne,* Paris, Balland, 2001.

Marty F., *Filiation, parricide et psychose à l'adolescence. Les liens du sang,* Ramonville-Saint-Agne, Érès, 1999.

Masse A., *Pères et paternité dans la France d'aujourd'hui,* Ministère des Affaires sociales et de l'Emploi, colloque, 1988.

Matoco O., « Le sort de l'enfant après la séparation », *Informations sociales,* n° 4, Paris, 1988.

Mauge A.-L., *L'identité masculine au tournant du siècle,* Marseille, Rivages, « Histoire », 1987, 194 p.

McAdoo J. L., « Black father's relationships with their preschool children and the children development of ethnic identity », *in* R. A. Lewis et R. E. Salt (éd.), *op. cit.,* p. 169-180.

Meda D., *Le temps des femmes. Pour un nouveau partage des rôles,* Paris, Flammarion, 2001.

Mehl D., *La télévision de l'intimité,* Paris, Seuil, 1995, 253 p. ; *Naître,* Paris, Bayard, 2000.

Mehl D., Dagnaud M., *Merlin l'enfanteur,* Paris, Ramsay, 1987.

Melchior-Bonnet S., « De Gerson à Montaigne, le Pouvoir et l'Amour », *in* J. Delumeau, D. Roche (dir.), *op. cit.*, p. 55-71.

Mesmacque L., *La presse masculine de style de vie : quelle presse, pour quel homme ?*, mémoire de maîtrise d'information et de communication, Paris, CELSA - Université Paris IV - Sorbonne, 1987.

Miedzan M., *Boys will be Boys. Breaking the Link between Masculinity and Violence*, New York, Anchor Books, 1991, 354 p.

Mimoun S., Chaby L., *La sexualité masculine*, Paris, Flammarion, « Dominos », 1996, 127 p.

Ministère des Affaires sociales et de l'Emploi, *Pères et paternité dans la France d'aujourd'hui*, colloque, 1988.

Minkowski A., *La maternité*, Paris, Fayard, 1982.

Mitscherlich A., *Vers une société sans père*, Paris, Gallimard, 1969.

Molinier A., « Pérenniser et concevoir », *in* J. Delumeau, D. Roche (dir.), *op. cit.*, p. 71-131.

Moore B. S., Isen A. M. (éd.), *Affect and Social Behavior*, Cambridge Univ. Press, 1990, 277 p.

Mosconi M. (dir.), *Égalité des sexes en éducation et formation*, Paris, PUF, 1998.

Moser G., *Les relations interpersonnelles*, Paris, PUF, « Le Psychologue », 1994, 263 p.

Mossuz-Lavau J., Kervasdoue A. de, *Les femmes ne sont pas des hommes comme les autres*, Paris, Odile Jacob, 1997.

Moulay M., « L'enfant imaginaire dans le couple séparé », *Dialogue*, 1989, p. 18-29.

Mulliez J., « La désignation du père », *in* J. Delumeau, D. Roche (dir.), *op. cit.*, p. 27-55.

Naouri A., *Une place pour le père*, Paris, Seuil, 1985 ; *Père, y es-tu ?*, *in* M. Mannoni, P. Guyomard (dir.), *op. cit.*, p. 157-169 ; *Le couple et l'enfant*, Paris, Odile Jacob, 1995 ; *Les filles et leur mère*, Paris, Odile Jacob, 1998.

Neyrand G., *L'enfant, la mère et la question du père. Un bilan critique de l'évolution des savoirs sur la petite enfance*, Paris, PUF, « Éducation et formation », 2000 ; *L'enfant face à la séparation des parents*, Paris, Syros, 2001.

Novaes S. (dir.), *Biomédecine et devenir de la personne*, Paris, Esprit-Seuil, 1991.

Odent M., « Les pères dans la périnatalité », Colloque sur les pères, Association pour le développement et la diffusion d'approches psycho-relationnelles de la périnatalité, Bègles, 1994.

Offroy J.-G., *Le choix du prénom*, Paris, Hommes et perspectives, 1993, 339 p.

Olavarria J. A., Parrini R. R., *Masculinidad/es. Identidad, sexualidad y familia*, Flasco, Chile, 2000.

Olivier Ch., *Les enfants de Jocaste*, Paris, Denoël, 1980 ; *Filles d'Ève*, Paris, Denoël, 1990 ; *Les fils d'Oreste ou la question du père*, Paris, Flammarion, 1994, 199 p.

Pasquier D., *La culture des sentiments, L'expérience télévisuelle des adolescents*, Paris, Maison des sciences de l'homme, 1999.

Pozo Y., Rebughini P., « Quelques réflexions sur la justice dans la cité », *Morale et criminalité*, n° 1, p. 59-70, Institut de criminologie de Paris, 1999.

Penley C., Willis Sh. (éd.), *Male Trouble*, Minneapolis, University of Minnesota Press, 1993, 316 p.

Perrot M. (dir.), « Métiers de femmes », *Le Mouvement social,* n° 40, Paris, Éd. Ouvrières, juillet-septembre 1987.

Pitrou A., *Les politiques familiales. Approches sociologiques,* Paris, Syros, 1994, 286 p.

Pohier J.-M., *Au nom du père, recherches théologiques et psychanalytiques,* Paris, CRFPA, 1972, 223 p.

Pruneau M., *Cœur de père. Plaisirs et défis de la paternité,* Montréal, Libre expression, 1990, 107 p.

Réseaux, « Télévision et apprentissages », *Revue du* CNET, novembre-décembre 1995, 245 p.

Réseaux, « Usages de la téléphonie », *Revue du* CNET, mars-juin 1997, n° 82-83.

Revue des affaires sociales, « Du côté des femmes », Paris, Ministère des Affaires sociales, 1995, 191 p., numéro hors série ; « Père et paternité dans la France et l'Europe d'aujourd'hui », n° 42, Paris, novembre 1988, 223 p.

Revue des Deux Mondes, « Pères et mères », mai 2001.

Revue internationale des sciences sociales, « Numéro spécial sur la famille », vol. XLII, n° 4, 1990.

Rhoden A. von, *Le couple interculturel,* mémoire de DESS, Paris, Université catholique / École des psychologues praticiens, septembre 1994.

Ribes B. (dir.), *La filiation : ruptures et continuité,* Actes du Colloque de Vaucresson, Paris, Institut de l'enfance et de la famille, 1985, 306 p.

Ridder G. de, « L'instinct paternel, ça n'existe pas ? », *Autrement,* n° 35, 1981, p. 74-88 ; *Du côté des hommes,* Paris, L'Harmattan, 1982.

Roche D., « Unique en son image », *in* J. Delumeau, D. Roche (dir.), *op. cit.,* p. 433-449.

Rogers B., *Men only. An Investigation into Men's Organizations,* Londres, Pandora, 1988, 283 p.

Rollet-Échalier C., « La politique à l'égard de la petite enfance sous la IIIe République », *Travaux et documents,* n° 127, Paris, INED/PUF, 1990.

Roussel L., « Deux décennies de mutations démographiques (1965-1985) dans les pays industrialisés », *Population,* n° 3, mai-juin 1987, p. 430-438 ; *La famille incertaine,* Paris, Seuil, « Points », 1989, 234 p. ; « Le statut social du sentiment amoureux », *Futuribles,* juin 1990 ; « La famille, source d'avenir », communication au Congrès de l'ONU sur la famille, Malte, 1993.

Roussel L., Girard A., « Régimes démographiques et âges de la vie », *Travaux et documents,* « Les âges de la vie », Actes du VIIe Colloque national de démographie (Strasbourg, 5-7 mai 1982), cahier n° 96, Paris, PUF, p. 15-23.

Rubellin-Devichi J. (dir.), *Droit de la famille,* Paris, Dalloz, 1999.

Russel G., *The Changing Role of Fathers,* St Lucie, Queensland Univ. Press, 1983.

Russell S., *La relation père-fille,* mémoire de DESS, Paris, Université catholique / École des psychologues-praticiens, 1992, 136 p.

Saint-Germain L., Krymko-Bleton I., « Sur les traces du désir. Récits d'hommes sur l'avortement », *Dialogue,* n° 131, 1er trimestre 1996, p. 93-110.

Saint-Marc C., « Les compétences du père », *L'École des parents,* Paris, mai 1989, p. 39-45.

Savater F., *Éthique à mon fils,* Paris, Seuil, 1994 (traduit de l'espagnol), 179 p.

Schierse Leonard L., *La fille de son père. Guérir la blessure dans la relation père-fille,* Paris, Le Jour, 1990.

Schwartz O., *Le monde privé des ouvriers, hommes et femmes du Nord,* Paris, PUF, 1990.

Segalen M., *Mari et femme dans la société paysanne,* Paris, Flammarion, 1980, 220 p. ; (dir.), *Jeux de famille,* Paris, CNRS, 1991, 237 p. ; *Sociologie de la famille,* Paris, Armand Colin, 1993, 295 p. ; *Rites et rituels contemporains,* Paris, Nathan Université, « 128 », 1999, 128 p.

Seidler V. J., *Recreating Sexual Politics,* Londres/New York, Routledge, 1991, 311 p.

Senett R., *Les tyrannies de l'intimité,* Paris, Seuil, 1979.

Shapiro J. L., *The Measure of a Man. Becoming the Father you wish your Father had been,* New York, Perigee Book, 1993, 408 p.

Shirali Mahnaz, *La jeunesse iranienne : une génération en crise,* Paris, PUF, 2001.

Shorter E., *Naissance de la famille moderne,* Paris, Seuil, 1977.

Simoneau J.-P. (dir.), *Répertoire de la condition masculine,* Québec, Saint-Martin, 1988, 160 p.

Singly F. de, *Fortune et infortune de la femme mariée,* Paris, PUF, 1987 ; (dir.), *La famille, l'état des savoirs,* Paris, La Découverte, 1991 ; « La construction sociale d'une nouvelle identité paternelle », *Le père dans la famille de demain,* Commission des Communautés européennes, 1993, p. 45-77 ; *Sociologie de la famille contemporaine,* Paris, Nathan Université, 1993, 128 p. ; « Les habits neufs de la domination masculine », *Esprit,* n° 196, novembre 1993 ; *Le moi, le soi, le couple, la famille,* Paris, Nathan, 1996 ; *Libres ensemble. L'individualisme dans la vie commune,* Paris, Nathan, 2000.

Singly F. de, Charrier G., *Pygmalion à la maison,* rapport CNAF, Univ. Rennes II, 1989, 202 p.

Sullerot É., *Quels pères ? Quels fils ?,* Paris, Fayard, 1992 ; *La crise de la famille,* Paris, Fayard, 1997.

Taillefer D., *Apprenez de votre enfant à... devenir un meilleur père,* Laval, Guy Saint-Jean, 1988.

Teboul R., *Neuf mois pour être père,* Paris, Calmann-Lévy, 1994, 199 p.

The Family Coordinator, Journal of Education, Counceling and Services, « Special issues Men's roles in the family », vol. 28, n° 4, octobre 1979, p. 426-652.

Théry I., « À chacun son prix, à chacun son droit. Questions sur un stéréotype à propos des enfants de parents divorcés », *Le Groupe familial,* n° 109, octobre 1985 ; *Le démariage,* Paris, Odile Jacob, 1994, 396 p., 1993.

Théry I., Dhavernas M.-J., « Le beau-parent dans les familles recomposées. Rôle familial, rôle social et statut juridique », *Recherches et prévisions,* mars 1992, p. 50 ; *Famille, couple et filiation,* rapport au ministère, 1998.

Thibout L., *L'avortement vingt ans après,* Paris, Albin Michel, 1995, 254 p.

This B., *Le père : acte de naissance,* Paris, Seuil, 1980, 316 p. ; *La requête des enfants à naître,* Paris, Seuil, 1982.

Touraine A., *La voix et le regard,* Paris, Seuil, « Sociologie permanente/I », 1978, 309 p. ; *L'après-socialisme,* Paris, Grasset, 1980, 283 p. ; *Le retour de l'acteur,* Paris, Fayard, 1984 ; « Face à l'exclusion », *Esprit,* n° 2, 1991 ; *Critique de la modernité,* Paris, Fayard, 1992, 462 p. ; *Qu'est-ce que la démo-*

cratie ?, Paris, Fayard, 1994, 297 p. ; *Qu'est-ce que la modernité... ? Pouvons-nous vivre égaux et différents ?*, Paris, Fayard, 1997.

Touraine A., Gilon Ch., Jacquin D., Golë N., Meunier Ch. (dir.), *Recherche exploratoire sur le mouvement des femmes*, Communauté économique européenne, CADIS, EHESS, juillet 1982, 149 p.

Touraine A., Wieviorka M., Dubet F., *Le mouvement ouvrier*, Paris, Fayard, 1984, 438 p.

Trono C., « Être père aujourd'hui : de l'illusion à la réalité », *Esquisses psychanalytiques*, Centre de recherche et de formation psychanalytique, Paris, printemps 1993, p. 23-37.

Types, Paroles d'hommes, « Paternités », n° 1, janvier 1981, 80 p. ; « Plaisirs », n° 2-3, ADAM, mai-septembre 1981, 129 p. ; « Masculin pluriel », n° 4, ADAM, mai 1982, 144 p. ; « À propos des femmes », n° 5, ADAM, 112 p.

Vaillant M., *Pardonner à ses parents*, EDLM, 2001.

Vandelac L., Bélisle D., Gauthier A., Pinard Y., *Du travail et de l'amour. Les dessous de la production domestique*, Québec, Saint-Martin, 1988, 418 p.

Vaugham T., *Uncoupling*, New York, Oxford Univ. Press, 1986, 250 p.

Vianello M., Srewienska R., *Gender Inequality. A Comparative Study and Discrimination and Participation*, 39, Londres, Sage Studies on International Sociology, 1990, 360 p.

Villeneuve-Goklap C., « Père et enfants quand la mère travaille », *Le Groupe familial*, n° 110, janvier 1986, p. 60-66 ; « Entourage familial des enfants et relations avec les parents absents », *Familles et contextes sociaux. Les espaces et les temps de la diversité*, Actes du Colloque de Lisbonne, 10-12 avril 1991, Lisbonne, GREF/CIES/ISCTE, 1992, p. 73-85.

Viveros M., Garay G. (dir.), *Cuerpo, diffencias y desigualdades*, CES, Faculdad de Ciencias humanas, Univ. nacional de Colombia, 1999.

Virag R., *Le sexe de l'homme*, Paris, Albin Michel, 1997.

Welzer-Lang D., *Les hommes violents*, Paris, Lierre & Coudrier, 1991.

Wieviorka M. (dir.), *La France raciste*, Paris, Seuil, 1992, 389 p. ; (dir.), *Racisme et modernité*, Paris, La Découverte, 1993, 436 p. ; *Une société fragmentée ? Le multiculturalisme en débat*, Paris, La Découverte, 1996, 322 p.

Winnicott D. W., *L'enfant et sa famille*, Paris, Payot, « Petite Bibliothèque Payot » 1979 ; *Processus de maturation chez l'enfant*, Paris, Payot, 1re éd., 1985.

Yonnet P., *Jeux, modes et masses*, Paris, Gallimard, 1985.

Zaouche-Gaudron Ch. (dir.), *La problématique paternelle*, Ramonville-Saint-Agne, Érès, 2001.

Zapperi R., *L'homme enceint : l'homme, la femme et le pouvoir*, Paris, PUF, 1983, 253 p.

Imprimé en France
par Vendôme Impressions
Groupe Landais
73, avenue Ronsard, 41100 Vendôme
Mars 2004 — N° 51 076